Sexe,
drogue...
et économie

Alexandre **Delaigue** et Stéphane **Ménia**

Sexe, drogue… et économie

Pas de sujet tabou pour les économistes !

PEARSON

Ouvrage rédigé en collaboration avec Cathel Ollivier.

À Didier Four.

Pour Romy et Marie.

Mise en pages : FAB Orléans

ISBN : 978-2-7440-6314-5

Sommaire

Partie IV

Se faire expulser de Davos (ou de Porto Alegre)

Partie V

Rendre son psy complètement fou (ou encore plus qu'avant)

Partie VI

Finir sa vie tout seul (ou avec un caniche)

Introduction

L'économie, une nouvelle science de la provocation ?

> *« Ce n'est pas une science "gaie", dois-je dire, comme d'autres dont nous avons pu entendre parler ; non, elle est terne, désolée, et en vérité, particulièrement abjecte et déprimante. Nous pourrions la qualifier, en guise de distinction, de science lugubre. »*
>
> T. CARLYLE, *Occasional discourse on the negro question*, 1849

Pauvres économistes. Leur science n'avait pas un siècle que l'historien T. Carlyle lui donnait un qualificatif qu'elle n'allait plus perdre : celui de science lugubre. Les raisons de ce sévère jugement ne nous paraîtraient aujourd'hui pas très nobles : Carlyle considérait que l'abolition de l'esclavage dans les colonies britanniques n'avait que fort peu amélioré le sort des anciens esclaves. Livrés aux forces du marché, ils vivaient selon lui dans des conditions morales et économiques pires que la servitude.

Quelque cent-cinquante ans plus tard, le raisonnement de Carlyle peut nous paraître odieux : son opinion vis-à-vis de l'économie, pour autant, subsiste.

On admire les grands savants, on respecte les philosophes, on écoute les sociologues. L'économiste, lui, suscite au mieux la pitié – comment un individu apparemment normal peut-il faire un métier pareil ? – au pire une franche hostilité car, si un pays va mal, n'est-ce pas de leur faute ?

Il n'en a pas toujours été ainsi. Les économistes ont bénéficié d'un âge d'or, celui de l'immédiat après Seconde Guerre mondiale. Alors, les entreprises, les banques, les administrations publiques recrutaient massivement ces génies qui, grâce à leurs modèles sophistiqués, savaient prévoir l'avenir et même l'infléchir pour le rendre meilleur. Les concepts de l'économie keynésienne promettaient de mettre fin aux deux grands fléaux du chômage et de l'inflation et d'éradiquer la pauvreté des pays les plus démunis. Les effectifs des étudiants en économie se mirent à augmenter de façon vertigineuse, et au qualificatif d'économiste, on accola bientôt celui de « distingué ».

Mais cet âge d'or ne dura pas longtemps : les années 1970 furent bien cruelles. Les économistes prétendaient maîtriser l'inflation et le chômage ? Les deux se mettaient à augmenter de concert, alors même que la croissance économique ralentissait. Leurs conseils avisés n'avaient pas été plus performants dans les pays pauvres, enfermés dans une stagnation rythmée par des crises financières de plus en plus fréquentes. Comment d'ailleurs accorder le moindre crédit à ces personnes distinguées qui passent le plus clair de leur temps à se contredire ?

Et quand on les observe, il faut bien le reconnaître : non seulement les économistes se trompent avec une régularité aussi imperturbable que leur aplomb, mais en plus ils sont horripilants. Ainsi, ils se moquent éperdument de ce que vous pouvez bien dire. Vous affirmez que vous considérez l'art, la culture comme très importants ? Ils se borneront à constater que les émissions de télévision les plus regardées, les livres les plus lus, les activités les plus pratiquées ne recouvrent ces prétentions que de façon très modérée. Vous affirmez que pour vous la protection de l'environnement passe avant toute autre préoccupation ? Ils constateront que, même lorsque le prix du carburant double, la consommation pétrolière ne diminue que de quelques pourcents, et encore, seulement si l'hiver n'est pas trop froid. Vous pensez qu'il n'est de vraie beauté que la beauté intérieure ? Les économistes ne manqueront pas d'aller analyser les masses de données fournies par les sites Internet de rencontres en ligne, pour conclure qu'un bon salaire (surtout pour les hommes) et un physique attrayant restent les meilleurs moyens de trouver « l'âme sœur ». Les économistes ne vous écoutent pas et se contentent d'observer vos choix : difficile de trouver attitude plus déplaisante.

Pour eux, votre vie personnelle n'est qu'une anecdote. Si vous affirmez que vous êtes parfaitement capable de conduire en ayant bu de l'alcool, les économistes vous rétorqueront que, par définition, les gens qui ont bu de l'alcool et sont morts au volant ne sont pas là pour témoigner de leur expérience. Mais ils seront tout aussi sceptiques vis-à-vis des statistiques des organismes officiels : lorsqu'on leur affirme que « x % des victimes d'accidents de la route avaient consommé de l'alcool », ils se demanderont si cela ne signifie pas tout bêtement que dans la population dans son ensemble x % des gens boivent de l'alcool (en l'occurrence, non, boire de l'alcool et conduire accroissent bien le risque d'accident). Lorsqu'on annonce triomphalement que telle dépense publique a « créé des emplois », ils se demanderont comment a été financée cette dépense publique et si, par hasard, ce financement n'a pas détruit ailleurs autant, ou plus, d'emploi qu'il n'en a créé. Après tout, payer des gens à creuser des trous et les reboucher est aussi une façon de créer des emplois. Ce sont bien les économistes tout crachés : il n'y a pas meilleur (ou pire) qu'eux pour désenchanter le monde.

Les économistes sont conscients de la piètre opinion qui entoure leur activité. Mais dans l'ensemble, ils s'en moquent. Ils ont constaté que dans les débats publics leurs opinions ne sont guère entendues ; l'un d'entre eux a fait remarquer un jour, non sans malice, que les économistes sont le plus écoutés précisément dans les domaines où ils affichent le plus de désaccords et où leurs connaissances sont les moins certaines, et le moins écoutés là où ils sont unanimes et sûrs de leur fait. Ils en ont pris acte et se sont réfugiés dans leurs laboratoires de recherche. Tandis que le débat économique public restait focalisé sur des sujets traditionnels, ils se sont collectivement concentrés sur une seule tâche : plutôt que de chercher à changer le monde qui les entoure, ils ont entrepris de mieux le comprendre. Aujourd'hui, les économistes les mieux considérés par leurs pairs sont, le plus souvent, inconnus du grand public. Ceux qui quittent les laboratoires pour entrer dans le débat public et exprimer leur opinion suscitent en revanche la circonspection et un peu de mépris de la part de leurs collègues : s'ils font cela, dit-on aujourd'hui, c'est qu'ils n'ont plus les moyens et le courage de produire de la bonne recherche. Et puis, quelle perte de temps !

Car les économistes pensent qu'ils ont mieux à faire que de participer au débat public : ils préfèrent discuter, argumenter sans relâche, produire des études, des travaux, des documents, pour comprendre ce qui les entoure. Le résultat de ce travail, c'est qu'alors qu'au cours des trois dernières décennies le prestige des économistes se réduisait, dans la tranquillité (toute relative) de leurs laboratoires de recherche, ils ont tranquillement révolutionné leur science. Ils se sont mis à étudier le comportement des gens en laboratoire, voire à simuler des sociétés virtuelles pour y déceler l'origine des revenus et des inégalités ; à collecter et à analyser des masses de données, profitant de l'essor des technologies de l'information et de la multiplication d'outils mathématiques toujours plus sophistiqués ; ils ont complètement changé leur perspective sur la croissance économique et ses causes, sur le commerce international ; progressivement, ils ont appliqué leurs outils à des sujets sur lesquels on ne les attendait pas, comme le mariage, la criminalité, l'efficacité de la police, l'école, ou la famille. Pour cela, ils ont été accusés d'impérialisme, de vouloir imposer leur modèle à toutes les sciences sociales, de traiter des sujets trop complexes d'une façon outrageusement simple ; l'accusation n'est pas complètement fausse. Mais, au total, la somme de connaissances qu'ils ont accumulées durant cette période aura été considérable.

Parce qu'ils aiment tant discuter entre eux, les économistes se sont lancés avec enthousiasme dans les blogs lorsque cette technique est apparue. Pour l'essentiel, les blogs sont vus comme un moyen pour les adolescents de raconter leurs états d'âme, le plus souvent dans un langage approximatif. Les économistes, qui décidément ne pensent pas comme tout le monde, ont surtout considéré cette technologie comme une façon de poursuivre leurs sempiternelles conversations avec d'autres économistes, en espérant qu'on ne viendrait pas trop les déranger. Sur Internet, il y a ainsi des dizaines de blogs d'économistes, le plus souvent, mais pas exclusivement, en langue anglaise, parfois sur des sujets extraordinairement limités ; certains ne rencontrent qu'une poignée de lecteurs, mais les plus consultés d'entre eux comptent des dizaines de milliers de visiteurs quotidiens. Car les blogs ont été l'occasion pour les économistes de découvrir que beaucoup de gens étaient susceptibles de s'intéresser à ce qu'ils font vraiment – en tout cas, beaucoup plus qu'ils ne le croyaient. Sur un blog économique, on passe d'un sujet à un autre, en fonction de l'actualité, de l'inspiration, ou du temps dont dispose l'auteur. Parce que, à l'origine de ce livre, il y a un blog économique[1], il peut être lu comme tel : en picorant dans son contenu, en fonction des envies du moment, ou d'une traite. Ce livre a pour but de présenter, à l'aide de courts chapitres portant sur des sujets variés, ce que les économistes font, la façon dont ils observent le monde, et ce qu'ils en tirent comme enseignements.

Mais lire ce livre n'est pas sans risques : n'oubliez pas que la seule chose qui soit plus énervante qu'un économiste, ce sont deux économistes. Méfiez-vous donc si d'aventure vous deviez faire état de son contenu auprès de votre entourage : parler d'économie comme un économiste n'est pas toujours une bonne façon de se faire aimer. C'est aussi prendre le risque d'apparaître tout aussi horripilant et sinistre que... les pratiquants de la science lugubre. Soyez prévenu : abuser de l'économie risque de nuire à vos relations sociales ; c'est pour cela qu'à notre époque très soucieuse de précautions les chapitres qui composent ce livre sont regroupés sous des avertissements, comme les boissons alcoolisées ou les aliments trop sucrés. À l'instar de ces produits, nous espérons que la consommation de ce livre vous apportera satisfaction, sans trop d'effets secondaires fâcheux.

1. http://www.econoclaste.org.

Partie I

Scandaliser sa belle-mère (et tout individu du troisième âge)

1

La polygamie, pensez-y…

« C'est le dernier grand interdit qu'il nous reste à briser : chacun a le droit d'avoir plusieurs enfants – tous choisis et le plus tard possible – et de les aimer tous. Pourquoi considérer qu'on ne pourrait pas aimer plusieurs adultes en même temps ? Le XXIe *siècle sera celui de l'amour multiple, de la polyunion, de la polyfidélité. »*

Jacques ATTALI

« Dans les espèces polygames, la variance de succès reproductif des mâles sera probablement plus forte que la variance de succès reproductif des femelles. »

Julian HUXLEY, 1938

Il fallait bien que cela arrive : à force de tout vouloir ramener à leur discipline, les économistes en sont venus à considérer la grave question du mariage. Comme on ne se refait pas, le modèle qu'ils ont appliqué a été celui du marché. Cela a donné des résultats un peu étranges, comme le calcul de l'opportunité d'un mariage en fonction de la maximisation des économies d'échelle pour la production domestique (*sic*), mais, surtout, cela a conduit à une constatation : le marché du mariage et du couple, si tant est qu'il existe, est bien particulier. Alors que dans nos sociétés modernes et libérales on peut avoir plusieurs fournisseurs de biens et de services, qu'un employeur contracte avec plusieurs salariés (et plus rarement, un salarié avec plusieurs employeurs), on n'y retrouve pas une telle variété de formes contractuelles, mais bien souvent une seule autorisée : la monogamie.

Comment l'expliquer ? La réponse immédiate, instinctive, c'est que l'alternative – la polygamie – est une institution barbare, témoignant de l'oppression des femmes dans des sociétés au fonctionnement que nous n'avons guère envie d'imiter. Au moment des émeutes urbaines de 2005, un ministre ainsi que plusieurs parlementaires et intellectuels n'avaient pas hésité ainsi à faire de la polygamie, pratiquée par des familles d'immigrés, la cause des troubles. Un candidat à l'élection présidentielle française de 2007 avait même mis l'« interdiction totale de la polygamie » à son programme. À peu près au même moment, une série intitulée *Big love* était diffusée à la télévision américaine, décrivant les tribulations d'un homme d'affaire riche épousant trois femmes à la fois. Pourquoi, après tout, faudrait-il l'interdire ?

L'analyse économique apporte des éléments de réponse à cette question. Notons tout d'abord que l'argument selon lequel la polygamie nuit aux femmes repose sur la confusion entre polygamie et contrainte exercée envers les jeunes filles pour les marier contre leur gré : confusion entretenue par le fait que, bien souvent, c'est le cas en pratique dans les sociétés où la polygamie est autorisée. Mais le mariage forcé existe aussi dans des sociétés monogames. Rien n'interdit donc d'imaginer les effets de la libéralisation de la polygamie dans nos sociétés ouvertes et libérales, où resterait pour autant proscrit le mariage forcé. Considérons alors une femme qui désire épouser un homme, lequel lui déclare souhaiter avoir plusieurs épouses. Quel est le choix de cette femme ? Elle peut soit décider d'être l'une des épouses de cet homme, soit renoncer et aller chercher ailleurs.

Il est possible que de nombreuses femmes préfèrent la seconde possibilité à la première, mais une certaine fraction d'entre elles accepterait peut-être d'être la seconde ou troisième épouse d'un homme (être la seconde épouse de Brad Pitt, après tout, peut avoir ses avantages). Supposons que 10 % de la population féminine soit disposée à vivre dans un ménage polygame et que ceux-ci, en moyenne, comprennent trois épouses pour un mari ; qu'en est-il des autres, qui veulent vivre dans un ménage monogame ?

Comme il y a, à peu de choses près, autant de femmes que d'hommes dans la population, le « marché du mariage monogame » comprendrait donc 90 % des hommes et 70 % des femmes. Inutile de dire que la compétition entre hommes serait rude et que les femmes se trouveraient face à un choix de conjoint potentiel bien plus grand. En termes économiques, l'apparition de la polygamie améliore les termes de l'échange des femmes sur le marché du mariage. Cette amélioration se traduirait probablement par une répartition des tâches ménagères bien plus à l'avantage des femmes qu'aujourd'hui.

La situation des hommes, elle, constitue le symétrique de celle des femmes. Pour eux, l'existence de la polygamie implique moins d'épouses potentielles disponibles et une plus grande compétition. La simple arithmétique permet donc de conclure que contrairement aux idées reçues la légalisation de la polygamie aurait tendance à bénéficier aux femmes bien plus qu'aux hommes. Les hommes qui se déclarent favorables à la polygamie s'imaginent que

LEUR charme irrésistible leur permettrait, bien entendu, de faire partie des heureux polygames : ils oublient qu'ils ont beaucoup plus de risques, dans une société polygame, de se retrouver célibataires forcés ou de devoir faire des efforts considérables pour avoir une chance dans la dure compétition pour obtenir une épouse.

Quelle forme cette compétition prendrait-elle ? Les biologistes ont constaté, dans le règne animal, une règle intéressante. Dans chaque espèce, l'écart de taille entre mâles et femelles est directement corrélé avec le nombre moyen d'épouses par mâle. Dans les espèces strictement monogames, mâle et femelle sont exactement de même taille ; en revanche, dans les espèces polygames, les mâles sont significativement plus gros que les femelles. L'espèce la plus notable, de ce point de vue, est l'éléphant de mer, dont les mâles pèsent quatre fois plus que les femelles (trois tonnes contre 750 kilogrammes). Comment expliquer cet écart ? La sélection naturelle seule ne peut le faire (elle ne peut qu'expliquer la taille de l'espèce, en fonction des caractéristiques de l'environnement).

En réalité, c'est la sélection sexuelle – la compétition entre mâles pour obtenir les faveurs des femelles – qui explique cette différence de poids. Chez l'éléphant de mer, les combats entre mâles sont d'une violence inouïe, mais les vainqueurs règnent sur des harems comprenant jusqu'à cinquante femelles, qu'ils sont les seuls à féconder. Dans ces combats, être plus gros que les autres mâles est un atout : de ce fait, le poids des mâles a eu tendance à augmenter (dans le sens où les mâles les plus lourds ont été aussi ceux qui se reproduisaient, les autres se retrouvant sans épouses ni progéniture). Cette hausse de poids a un coût, qui réduit considérablement l'espérance de vie de l'animal : une telle masse exige de beaucoup plus grandes quantités de nourriture et en fait une proie plus facile pour les prédateurs. Mais c'est le prix à payer pour avoir des chances d'avoir une progéniture.

Qu'en est-il de l'espèce humaine ? Le mâle humain, en moyenne, est un peu plus grand et corpulent que la femelle, ce qui suggère une espèce dans laquelle la polygamie a certainement toujours existé, mais de façon modérée. Cela signifie que les pénuries d'épouses ont été chose courante. Comment se sont-elles résolues ? Probablement par conflit. Il y a de bonnes raisons de penser que les conflits entre hommes, entre clans, dont l'enjeu était la possibilité d'avoir une ou plusieurs épouses, ont existé depuis très longtemps. L'histoire et les mythes vont dans ce sens ; pensons par exemple à l'épisode de l'enlèvement des Sabines par les Romains, à Troie détruite pour l'enlèvement d'une femme. On constate aussi que dans les sociétés humaines les harems ont été souvent l'apanage d'hommes puissants, dont la puissance venait de la brutalité. L'empereur du Maroc « Moulay Ismaïl le sanguinaire » a eu de ses multiples épouses 888 enfants (c'est le record historique documenté). Son surnom en dit long sur sa forme d'exercice du pouvoir.

Dans nos sociétés, on use heureusement de moyens moins violents. La compétition pour la séduction passe par d'autres outils. Si l'on autorisait la polygamie dans nos sociétés, les hommes feraient plus de dépenses de séduction : ils achèteraient plus de vêtements de prix, de voitures de sport, de bouteilles de champagne au *Macumba Club*, d'abonnements à des clubs de sport, de cosmétiques, d'opérations de chirurgie plastique, et doubleraient la taille des bouquets de fleurs à la Saint-Valentin. Mais ces dépenses sont positionnelles : elles ne visent qu'à améliorer la position relative d'un homme par rapport aux autres. Pour la gent masculine dans son ensemble, cela ne changerait rien : il y aurait toujours le même nombre d'hommes mariés et le même nombre de malheureux célibataires. Simplement, tous seraient amenés à supporter plus de dépenses individuellement utiles mais collectivement inutiles. Et il subsisterait probablement une bonne dose de violence masculine. Si nos sociétés ont adopté la monogamie comme institution, c'est aussi parce que cette institution protège les hommes contre de telles courses aux armements positionnelles.

Dans cette perspective, la monogamie comme institution peut s'apparenter à un partage sur le marché du mariage, mis en place par le cartel des hommes. De façon intéressante, comme les cartels sur d'autres marchés, celui-ci est très peu stable : ceux-là mêmes qui en bénéficient ont bien du mal à le respecter, et de nombreux hommes ont des aventures extraconjugales ou pratiquent la polygamie de façon séquentielle (en divorçant et en se remariant à un rythme élevé, de préférence avec une épouse plus jeune que la précédente). Mais, si l'on suit ce raisonnement, il n'est pas recommandé d'abandonner cette institution, car les gains seraient mineurs par rapport aux coûts entraînés par la course aux armements que cette disparition entraînerait. À l'appui de ce raisonnement, on peut citer l'exemple d'une communauté religieuse aux États-Unis pratiquant la polygamie, dont le cas a fait l'objet d'un récent article du *New York Times* : on constatait que très régulièrement de nombreux jeunes hommes étaient contraints de s'exiler de la communauté, faute de pouvoir trouver aisément une conjointe.

Cela dit, on pourrait rétorquer que cette analyse repose sur une de ces formes de chauvinisme mâle dont les économistes ont le secret : pourquoi considérer la seule polygamie ? Une société authentiquement ouverte et libérale ne devrait pas se contenter d'autoriser la polygamie, mais devrait également se préoccuper de la polyandrie

– la possibilité pour une femme d'avoir plusieurs époux. Le raisonnement devient symétrique : de la même façon que la polygamie nuit aux hommes, la polyandrie nuit aux femmes, obligées à des dépenses encore plus coûteuses visant à accroître leur attrait sur un marché devenu plus compétitif. S'il y a autant de ménages polyandres que de ménages polygames, il est possible que l'ensemble aboutisse à une situation plus satisfaisante.

Mais serait-ce vraiment le cas ? Nous l'avons vu, le rapport de corpulence moyen entre hommes et femmes suggère qu'un degré modéré de polygamie a été longtemps l'apanage des sociétés humaines, plus que l'inverse. Pour autant, le sujet est certainement plus complexe. Pendant longtemps, inspirés probablement en partie par l'esprit de leur époque, les biologistes ont considéré que, structurellement, on devait rencontrer dans les espèces vivantes plus de polygamie que de polyandrie : cela s'appelait le « principe de Bateman », du nom d'un biologiste qui en 1948, à partir entre autres de travaux sur des drosophiles, avait conclu que les différences entre mâles et femelles conduisaient les premiers à être très volages et les secondes à être très chastes et sélectives. En effet, les mâles produisent des spermatozoïdes pour un coût faible, tandis que les femelles produisent des œufs beaucoup plus consommateurs de ressources : on admirera l'impeccable logique économique à l'œuvre dans le principe de Bateman.

Pour séduisant intellectuellement qu'il soit, ce principe est aujourd'hui contesté : les biologistes ont découvert de nombreuses espèces dans lesquelles le caractère volage est beaucoup plus répandu chez les femelles que chez les mâles, au bénéfice de celles-ci : avoir un plus grand nombre de partenaires augmente les chances de fécondation, et il est fort probable que ce soit également le cas dans l'espèce humaine.

Mais si cela crée une indétermination sur le résultat d'une légalisation de la polygamie-polyandrie (obtiendrait-on plus de ménages polygames ou polyandres ?), le résultat de base reste inchangé : cette légalisation, sauf cas exceptionnel de parfaite égalité entre nombre de ménages polygames et polyandres, condamnerait une moitié de l'espèce humaine à se lancer dans une course aux armements ruineuse. Mieux vaut donc sans doute, par prudence, préserver cette institution qu'est la monogamie : nous avons la chance, à la différence des éléphants de mer, de pouvoir contribuer à la paix sociale par des institutions ; autant en profiter.

2

Il faut laisser les gens fumer dans les lieux publics

« The only credible arguments for restricting smoking have nothing to do with economics. »

Tim Harford

Depuis le 1er janvier 2008, la France, à l'instar d'autres pays européens, interdit le tabac dans tous les lieux publics, y compris dans les bars, restaurants, bureaux de tabac et autres discothèques. Cette mesure de santé publique repose sur la volonté de protéger les fumeurs passifs qui, bien que ne fumant pas, inhalent la fumée et les particules nocives qu'elle contient. Les études tendant à montrer que ce tabagisme de seconde main accroît certains risques sanitaires (cancers, accidents cardio-vasculaires, etc.), le gouvernement a donc trouvé indispensable de protéger les clients des établissements publics et leurs salariés, exposés en permanence à la fumée.

La polémique autour de la loi a été vive. Au droit inaliénable des fumeurs de continuer à s'adonner à leur plaisir en public (certains allant jusqu'à invoquer une violation des droits de l'Homme) fut opposé celui des non-fumeurs à préserver leur santé (ou la bonne odeur de leurs vêtements). On a vu des fumeurs outrés par la mesure, des non-fumeurs dubitatifs, alors que d'autres saluaient cette victoire, expliquant que c'était de surcroît une bonne chose pour les fumeurs qui voulaient arrêter en même temps qu'un coup rude porté aux marchands de mort de l'industrie du tabac. Certains fumeurs se sont même montrés favorables à la mesure, tandis que d'autres, fumeurs ou non, s'en moquaient car il faudrait désormais s'attaquer à la pollution automobile, ce qui est une autre paire de manches. Bref, la mesure faisait des heureux, des malheureux et des indifférents. Pourtant, dans l'empoignade de cette fin d'année 2007, personne ne s'est livré à une véritable analyse « coût-bénéfice » qui doit, en principe, justifier toute politique publique : quel est l'intérêt exact d'une interdiction du tabac dans les lieux publics ? À qui profite-t-elle et dans quelle mesure ? Qui sont les individus pénalisés, dans quelles proportions ? La mise en balance des bénéfices et des coûts justifie-t-elle l'application de la mesure ?

Le conte de deux bars

L'action débute avant la loi sur l'interdiction du tabac. Dans le bar *Le Diabolique*, on boit de bonnes bières et on fume. Au bar *L'Angélique*, le tabac est proscrit, mais on boit d'aussi bonnes bières. Il existe quatre types de clients : les clients qui veulent absolument fumer au bar, les clients qui aiment fumer au bar mais peuvent se retenir, les non-fumeurs qui supportent plutôt bien la fumée et les non-fumeurs qui sont fortement incommodés par la fumée. Puisque la bière est la même dans les deux bars, chaque type d'individu peut aller dans l'un ou l'autre, la question de la fumée mise à part.

Mais puisqu'on fume au *Diabolique*, on n'y verra jamais un non-fumeur invétéré ; de la même façon, un fumeur impénitent n'ira jamais à *L'Angélique*. Reste les deux autres catégories, qui forment le groupe des tolérants et sont susceptibles d'aller dans l'un ou l'autre des établissements. Qu'est-ce qui déterminera leur point de chute ?

En fonction de la répartition des clients entre les différentes catégories, la fréquentation spontanée sera différente. La réponse rationnelle des tenanciers est de moduler les prix de façon à attirer une clientèle suffisante. Imaginons que les prix sont initialement les mêmes dans les deux bars. S'il y a beaucoup de non-fumeurs dans la population (tolérants ou pas), *L'Angélique* aura davantage de clients. Le propriétaire du *Diabolique* baissera les prix pour accroître sa fréquentation, en attirant, au-delà des fumeurs impénitents, le maximum de fumeurs et de non-fumeurs tolérants pour qui un prix plus faible est un argument. Il le fera jusqu'au point où cela ne lui apportera plus de bénéfices supplémentaires. Dans le cas où les fumeurs sont plus nombreux, c'est *L'Angélique* qui devra réduire ses tarifs.

Imaginons maintenant que les non-fumeurs sont majoritaires. C'est donc *Le Diabolique* qui pratique les prix les plus bas. Une réglementation est instaurée qui interdit le tabac dans tous les bars. Comme le monde des bars est désormais peuplé de non-fumeurs, il n'existe plus aucune raison liée au tabac pour que les prix diffèrent entre les établissements. *Le Diabolique* pourra accroître ses tarifs sans risquer de perdre des clients au profit de *L'Angélique*. Quelle est la situation des consommateurs après la loi ? Les fumeurs « durs » restent chez eux. Les fumeurs modérés ne bénéficient plus d'un bar à tarifs réduits. Les non-fumeurs tolérants n'ont plus la possibilité, quand ils le souhaitent, d'alléger la facture de leur soirée. Les non-fumeurs radicaux continuent à payer la même chose qu'avant. Tout au plus peuvent-ils aller au *Diabolique* (ce qui ne leur apporte rien, puisque le bar est identique). Le seul gagnant dans l'histoire sera le propriétaire du *Diabolique*, désormais épargné par la concurrence sur les prix. L'interdiction de fumer est donc de peu d'intérêt pour la plupart des gens.

Trop simple ? Certainement. Les bars ne sont, par exemple, jamais parfaitement identiques : l'atmosphère et le service sont différenciés. Grâce à la nouvelle réglementation, les non-fumeurs peuvent maintenant aller goûter l'ambiance de tous les bars. En revanche, les fumeurs invétérés se retrouvent, eux, bannis partout. Globalement, l'avantage n'est donc pas notable. Reste à savoir si la concurrence pour attirer les clients restants réduira les prix ou améliorera la qualité ? C'est imaginable. Sauf si l'un des deux bars, victime de la baisse de l'activité du secteur, vient à fermer, le bar restant bénéficiant alors d'une situation de monopole.

Pour l'analyse économique, l'interdiction de fumer dans les « lieux publics » ne devrait donc pas concerner les bars, restaurants et autres établissements de nuit. C'est l'argument que défend Tim Harford[1], dans la logique de ce que nous venons de décrire. Au fond, si les non-fumeurs étaient aussi attachés à un air pur, ils n'iraient pas dans les lieux enfumés, ou alors des bars non fumeurs auraient existé en grand nombre avant l'interdiction. Un bar ou un restaurant n'est pas un espace public, c'est un lieu où les gens se réunissent volontairement. Comme l'écrit Harford, « l'ironie de la législation est qu'elle cantonne les fumeurs dans des

1. Tim Harford, « Undercover economist : The true cost of smoking », *Financial Times*, 22 juin 2007.

espaces authentiquement publics – les trottoirs devant les restaurants et les immeubles de bureau ». Et le personnel des établissements dans tout ça ?

Sauver le personnel

Car ce qui compte, n'est-ce pas de protéger avant tout la santé du personnel ? Songez à tous ces serveurs qui sont désormais exempts de toute exposition à la fumée du tabac. Ne sont-ils pas les grands gagnants du changement de réglementation ? Peut-être, mais visiblement ils découvrent avec les nouvelles dispositions qu'ils détestaient la fumée : d'après la théorie des « différences compensatrices », la pénibilité d'un métier donne lieu à un surcroît de rémunération. Pour attirer les candidats, les entreprises qui offrent des conditions de travail moins bonnes les compensent par une rémunération supérieure. Or, personne n'a constaté d'écarts de salaires significatifs entre les lieux fumeurs et non fumeurs. Auraient-ils existé, qu'on priverait alors ceux qui étaient disposés à accepter cette compensation de la possibilité de le faire.

Sauver des vies

Peut-on cependant laisser des gens prendre le risque de mourir d'une maladie longue et douloureuse avec pour seule compensation une poignée d'euros en plus ? L'interdiction du tabac ne sauve-t-elle pas des vies ? Toute question éthique mise à part, les économistes n'ont-ils pas conscience des difficultés de financement de la protection sociale ? Est-il si dur de comprendre que la réduction du nombre de cancers diminue les coûts liés à leur traitement et améliore ainsi les comptes de la Sécu ?

C'est justement parce qu'ils en ont tellement conscience que les économistes rejettent l'argument. Tout d'abord, il faut bien mourir un jour. Dans ce sens, une mesure de santé publique ne fait que retarder la date de la mort et ne « sauve » pas une vie. Ce n'est pas forcément une bonne nouvelle pour la Sécurité sociale : certes la mesure évite les coûts associés aux maladies liées au tabac, mais elle n'économise pas les soins ultérieurs et les pensions de retraite dont l'individu « profitera » durant le reste de sa plus longue vie.

Laissons cependant de côté les coûts engendrés par le prolongement de la vie et concentrons-nous sur les gains, en évaluant le nombre de personnes qui échapperont à une maladie liée au tabac. En la matière, le cancer du poumon est le plus répandu et la maladie pour laquelle les risques du tabagisme passif sont probablement les mieux documentés. Le chiffre habituellement mentionné est celui d'une augmentation de 25 % du risque de cancer du poumon pour un non-fumeur soumis au tabagisme passif[2]. 25 %, c'est énorme. Sauf qu'à la base, le risque de mort par cancer du poumon pour un non-fumeur est de 10 pour 100 000. Une hausse de 25 % de ce risque l'amène ainsi à 12,5 pour 100 000, ce qui reste extrêmement faible et laisse dubitatif sur la vigueur de l'intervention publique.

Précisons ce chiffre à grande échelle. Imaginons que tous les non-fumeurs de France soient exposés à la fumée de tabac ambiante. Cela représente environ 40 millions de personnes qui subissent un risque accru de 25 %. Combien

2. On relèvera aussi que les études sont loin d'être toutes unanimes. Ainsi, en Grande-Bretagne, la loi de 2006 interdisant le tabac dans les lieux publics s'appuyait sur un panel de trente-sept études dont seulement sept concluaient clairement à un effet significatif du tabagisme passif.

en mourront ? 1 000 par an. Chaque année, 600 000 personnes meurent en France. 1 000 décès représentent 0,16 % du nombre de morts. Peut-être peut-on estimer que 1 000 décès constituent un chiffre encore trop élevé pour être négligé. Mais il s'agit d'une évaluation maximaliste, supposant que tous les Français non fumeurs sont exposés au tabagisme passif. Même en admettant ce fait, l'interdiction de fumer dans les lieux publics n'aura qu'un effet marginal. À l'exception des salariés des établissements fumeurs (qui représentent une infime partie des 40 millions de non-fumeurs), la plupart des personnes exposées à la fumée de tabac ambiante ne le sont que très faiblement dans les lieux publics : ce sont des endroits dans lesquels on reste peu et qui sont pour beaucoup déjà non fumeurs. C'est au domicile que l'exposition est la plus importante, car elle est plus fréquente et largement inévitable.

Autrement dit, comme le note l'économiste Martin Wolf[3], chroniqueur pour le *Financial Times*, si l'on veut vraiment « sauver des vies », il faut interdire aux gens de fumer chez eux. Pour s'assurer du respect de cette réglementation, les enfants devraient dénoncer leurs parents et la police, organiser des visites inopinées au domicile des citoyens. Impensable ? À moitié, seulement. Aux États-Unis, le comté de Montgomery dans le Maryland avait mis en place une telle législation. Elle fut retirée en moins d'une semaine, le comté étant devenu la risée du pays, en dépit de l'indéniable cohérence du dispositif.

3. Martin Wolf, « The absurdities of a ban on smoking », *Financial Times*, 22 juin 2006.

Chiffres fumeux et nouveaux comportements

Comme le dit la formule, « on manque encore de recul » pour mesurer les effets de la loi antitabac en France. Il semble évident que le temps de l'évaluation n'est pas encore arrivé.

Ceci n'a pas empêché certains, moins de deux mois après la mise en place de la loi, de tirer un premier bilan de ses conséquences pour la santé. Le 26 février 2008, le journal *Le Monde* titrait : « L'interdiction de fumer dans les lieux publics a entraîné une diminution du nombre d'infarctus. » Il se fondait ainsi sur un indicateur mis au point par plusieurs organismes publics montrant une baisse allant de 11 % à 19 % du nombre d'admissions hospitalières pour des infarctus du myocarde. Selon l'article, « ce phénomène semble être directement lié aux mesures d'interdiction de fumer dans les lieux publics, entrées en vigueur le 1er janvier ». Comme le relève l'économiste Anne Lavigne sur son blog[4] : « Comment croire que des données aient pu être collectées, traitées, interprétées et qu'un rapport ait pu être rédigé dans un temps aussi court ? Comment a été testé l'impact spécifique de l'interdiction de fumer dans le secteur des CHRD [N.D.A. : cafés, hôtels, restaurants, discothèques], par rapport notamment à la météorologie particulièrement clémente du mois de janvier ? Comment s'est-on assuré que la baisse des admissions en urgence pour infarctus ou accident vasculaire cérébral était liée à la fréquentation antérieure d'un CHRD ? L'étude a-t-elle spécifiquement porté sur les personnels du secteur CHRD, ce qui semblerait une approche scientifiquement contrôlée ? » Pour résumer, si les effets d'une baisse de l'exposition à la fumée de cigarette peuvent être

4. http://legizmoblog.blogspot.com.

rapides et conséquents, comme en atteste la médecine, établir aussi rapidement un lien entre une partie de cette exposition, limitée au seul secteur de la restauration, et la baisse des infarctus sur un ou deux mois semble héroïque.

Les cafetiers et autres patrons de discothèques se sont en revanche d'ores et déjà émus de la baisse de fréquentation enregistrée dans leurs établissements : 6 % de baisse en janvier, 9 % le mois suivant par rapport à la même période de 2007. Les discothèques ont, elles, accusé une diminution de 20 % sur la période février-mars. On s'amusera du fait que ces études mentionnent et chiffrent clairement un « effet pouvoir d'achat » (responsable de près de la moitié des baisses), alors que dans le cas des effets sur la santé, aucune espèce d'évaluation d'autres causes que la loi n'est donnée. Si l'on en croit les expériences italiennes ou irlandaises, l'interdiction de fumer semble avoir entraîné une baisse de fréquentation notable sur plus d'un an (entre 5 et 25 % selon les types d'établissement). Le temps apportera (peut-être) son verdict. Une chose est certaine : aujourd'hui, la légitimité de cette politique publique reste à prouver.

Les sites de rencontres sur Internet pourraient être des victimes collatérales de la législation antitabac, du moins à court ou moyen terme. En effet, de l'avis d'observateurs avisés, avoir jeté les fumeurs sur le pavé des bars et discothèques a créé une nouvelle pratique sociale, baptisée « *smirting* », contraction de *smoking* et *flirting.* Se retrouver dans le froid, unis autour d'une même contrainte, permet de créer plus facilement des liens pour aborder un individu de sexe opposé autour de conversations sur le traitement social imposé aux accros de la nicotine, le mauvais temps qu'il fait dehors et autres banalités qui permettent d'établir un contact simple, loin du bruit des haut-parleurs et de l'isolement des tables. La fin de la cigarette offre par ailleurs une porte de sortie remarquablement commode pour interrompre une interaction jugée stérile. Outre l'hypothétique effet sur le chiffre d'affaires des agences de rencontres, cette pratique, issue du monde anglo-saxon, tendrait à créer de nouvelles vocations de fumeurs et à accroître la consommation de ceux qui le sont déjà.

Enfin, une récente étude de Scott Adams et Chad Cotti établit un lien entre l'interdiction de fumer dans les bars et la hausse des accidents de voiture. Les auteurs avancent deux explications : pour trouver un lieu accueillant (bar avec fumoir ou terrasse), les fumeurs doivent désormais rouler plus ; mais il semble aussi que pour compenser le manque de tabac, ils accroissent leur consommation d'alcool, ceci aggravant l'alcoolémie au volant. « Sauver des vies » n'est décidément pas simple.

3

Les économistes aiment les sujets bizarres

« There are many good reasons to improve education and reduce poverty in poor countries. Alas, reducing terrorism is probably not one of them. »

Alan KRUEGER et Jitka MALECKOVA

« Sur un horizon de temps suffisamment long, l'espérance de vie tombe à zéro pour tout le monde. »

Chuck PALAHNIUK

Les choix économiques ne constituent pas toute la vie, mais rares sont les domaines de l'existence dont ils sont totalement absents. Des pratiques sexuelles à l'évaluation de la vie humaine, en passant par les activités illégales ou les attentats suicides, l'économiste n'est jamais long à débusquer des comportements que les notions d'« incitation » ou d'« affectation de ressources rares » contribuent à éclairer, au moins partiellement.

Le sexe

Robert Solow, pour se moquer (gentiment) de Milton Friedman, a dit un jour que Friedman était obsédé par l'offre de monnaie, alors que lui était obsédé par le sexe, mais avait la décence de ne pas en parler dans ses publications. Steven Landsburg et Tim Harford n'ont pas la même retenue. Ils ont fait de l'économie de tous les jours (*everyday life economics*) leur thème de prédilection. Difficile alors d'éviter le sexe…

Pour Landsburg, dévergonder les prudes constitue ainsi le meilleur moyen de réduire l'épidémie de sida. Les prudes ont cet avantage de ne pas avoir contracté la maladie. En accroissant leur activité séductrice, on pourrait alors augmenter la part des sujets sains sur le marché des rencontres et ainsi limiter le risque de chacun de contracter la maladie. C'est mécanique. Certains, évidemment, s'inquiéteront : les prudes ne risquent-ils ou elles pas de devenir des bêtes de sexe et basculer dans le camp des sujets à risque ? On imagine en réalité mal comment un tel individu pourrait tourner de la sorte. Seule une légère augmentation de son activité est d'ailleurs envisageable ! Et encore : Landsburg préconise de subventionner les préservatifs, car celui qui a un appétit sexuel limité sera nettement plus incité à les utiliser.

Tim Harford pour sa part rapporte un accroissement de la pratique du sexe oral chez les adolescents aux États-Unis, depuis le début des années 1990. Là encore, l'explication est économique : l'objectif d'un adolescent est d'obtenir un plaisir sexuel au moindre prix. Or, avec le sida, le prix d'un rapport génital, pondéré par le risque, a augmenté par rapport à celui d'un rapport oral. Un effet de substitution joue en faveur du second, comme lorsque la consommation de Pepsi augmente suite à une hausse du prix du Coca-Cola, pour reprendre une comparaison utilisée par Harford.

De la même façon, Steven Landsburg relate une étude économétrique tendant à montrer que la pornographie sur Internet réduit le nombre de viols commis[1]. En éliminant l'effet des autres variables qui peuvent déterminer le nombre de viols (chômage, consommation d'alcool, etc.), il démontre qu'une hausse de 10 % des accès à Internet dans une région donnée est corrélée à une baisse de 7 % des viols. Corrélation n'est certes pas causalité. Mais le même lien n'existe pas en ce qui concerne les meurtres. De plus, le phénomène est spécialement marqué chez les jeunes de 15 à 19 ans, ceux qui sont les plus susceptibles d'utiliser Internet pour accéder à de la pornographie. Savoir ce qu'en pense le Vatican est un autre problème…

Crimes, châtiments, avortement

En 1968, Gary Becker a formalisé les actes illégaux comme une activité économique. Un individu commet un crime (au sens large) si et seulement si celui-ci est rentable : il pèse donc le gain obtenu par le biais de l'activité illégale, le coût qu'il encourt s'il se fait attraper, les opportunités alternatives de gain dans des activités légales et la probabilité de se faire confondre. De la combinaison de ces paramètres résulte la décision de commettre ou non un crime, selon un calcul dit d'« espérance d'utilité ». Becker conclut logiquement qu'une bonne politique de lutte contre la délinquance doit agir sur la probabilité d'être confondu et sur le niveau des peines infligées (la première

1. Todd D. Kendall, *Pornography, Rape, and the Internet*, Stanford Law School, 2006.

étant primordiale, face à des individus pour lesquels l'aversion au risque est faible ; dans ce cas, la perspective d'une lourde peine n'est pas efficace si la probabilité d'être confondu est faible). Les thèses de Becker ont connu un grand succès. Elles permettent par exemple d'éclairer les débats sur la peine de mort ou le port d'armes.

Dans leur best-seller, *Freakonomics*[2], Steven Levitt et Stephen Dubner consacrent un chapitre à l'évolution de la criminalité aux États-Unis dans les années 1990. Ils rapportent que, d'après des études économétriques (souvent celles de Levitt), on ne peut expliquer la forte baisse de la criminalité par des conditions économiques favorables, dans la mesure où les homicides, peu liés à la conjoncture économique, ont plus baissé que les autres crimes. Ce n'est pas non plus la modification des méthodes policières, comme cela a pu être invoqué. L'exemple de New York sous l'ère Giuliani était censé illustrer cette thèse. Or, la criminalité avait déjà baissé de 20 % quand Rudolph Giuliani mit en place ces nouvelles techniques, telles que le harcèlement des petits délinquants – auteurs d'« incivilités » – ou le traitement statistique et informatisé de la délinquance. Surtout, la criminalité a diminué partout ailleurs, alors que la politique new-yorkaise a été peu imitée en la matière. En revanche, les recrutements massifs de policiers réalisés à NYC et dans d'autres villes dans cette période expliqueraient 10 % du phénomène. Une augmentation elle-même directement imputable à... l'agenda électoral : les maires affichent en effet une tendance prouvée à gonfler les effectifs policiers avant les élections. Une fois tous ces facteurs pesés, la peine de mort a-t-elle également joué un rôle ? Dans le schéma de Becker, elle implique une perte potentielle

2. S. Levitt et S. Dubner, *Freakonomics*, Folio, 2007.

vertigineuse et devrait ainsi exercer une grande capacité de dissuasion. En pratique, ce raisonnement n'est pas forcément vérifié : Levitt estime ainsi que son effet dissuasif est quasi nul, du moins aux États-Unis. En effet, le nombre d'exécutions pratiquées y atteignait quatorze en 1991 et soixante-six en 2001, soit un taux annuel d'exécution de détenus du « couloir de la mort » de seulement 2 %. Cet endroit est plus sûr que de nombreuses rues du pays ! D'après les évaluations effectuées par Isaac Ehrlich en 1975, exécuter un criminel permettrait de sauver sept vies. En acceptant ce chiffre, on constate que les cinquante-deux exécutions supplémentaires réalisées entre 1991 et 2001 ne représentent que 4 % de la baisse des homicides constatée en 2001. Trop peu pour inférer un impact de la peine de mort sur la criminalité.

Si la peine de mort n'explique guère la diminution de la délinquance, la régulation du port d'armes à feu y a-t-elle contribué ? Selon les auteurs, les tentatives de retrait des armes en circulation sont peu opérantes : pour celui qui a l'intention d'en faire usage, l'incitation à rendre son arme est bien faible au regard de ce qu'on peut raisonnablement lui offrir en compensation. Du reste, le stock est gigantesque et toute radicalisation de la loi augmente donc les risques de marché noir. La seule incitation sérieuse pour réduire l'impact négatif de l'autorisation du port d'armes consisterait donc à durcir les peines de prison pour les infractions à la législation.

En revanche, l'effondrement du marché du crack contribuerait à lui seul à 15 % de la baisse de la criminalité. La baisse du prix des substituts au crack a fait fondre les profits issus de cette activité, réduisant d'autant l'incitation des gangs à prendre des risques mortels pour dominer ce marché devenu bien moins sexy.

En définitive, la diminution de la criminalité serait pour l'essentiel due à… la libéralisation de l'avortement. En 1973, seuls quelques États américains autorisaient l'avortement. Le 22 janvier de cette année-là, l'arrêt de la Cour suprême dans l'affaire Roes *vs* Wade libéralise l'avortement dans tout le pays. L'année suivante, 750 000 avortements sont réalisés et 1,6 million en 1980. Comment ceci a-t-il pu réduire la criminalité dans les années 1990 ? La libéralisation de l'avortement accroît la liberté de choix des femmes en matière de procréation. Les travaux sur le sujet font état d'un rapport à l'enfant non souhaité qui conduit les mères à s'en occuper moins bien qu'un enfant désiré. Quel que soit le niveau économique et culturel familial, le risque de délinquance de ces enfants est statistiquement plus élevé que la moyenne. En réduisant la part des enfants non désirés, l'arrêt Roes *vs* Wade a diminué la proportion de criminels dans la population. Si l'effet s'est fait sentir à partir de 1990, c'est qu'à cette date les « criminels évités » auraient commencé à arriver en fin d'adolescence, à savoir l'âge où les comportements délinquants s'affirment généralement. La baisse croissante de la criminalité durant les années 1990 ne fait alors que suivre la courbe inverse des avortements vingt ans plus tôt. À l'appui de sa thèse, Levitt évoque un certain nombre de corrélations entre législation sur l'avortement et criminalité aussi bien aux États-Unis (notamment, en constatant que les États qui ont libéralisé cette pratique avant le reste du pays ont connu une baisse de la criminalité plus précoce) que dans le reste du monde développé.

On peut évidemment contester moralement cette approche des choses, qui implique un arbitrage entre la vie des uns et la sécurité (et parfois la vie) des autres.

Des drogués rationnels ?

Du marché de la drogue, on croit tout savoir : les reportages et films ne manquent pas qui décortiquent la filière, de la production jusqu'au consommateur. Rarement, pourtant, on se penche sur la demande de stupéfiants. Car, pour le public, l'héroïnomane est considéré comme une victime, pas un décideur.

Telle n'est pas la thèse de Gary Becker et Kevin Murphy. Pour eux, le drogué est un individu rationnel. D'ailleurs, s'il y a des fumeurs qui arrêtent de fumer, c'est bien que le choix existe. Un individu qui choisit, ou non, de se droguer compare dans le temps les coûts et les bénéfices de son acte. S'il estime que les gains seront supérieurs, alors il consomme le produit. Lorsqu'on se laisse aller à boire « quelques » verres de trop, on sait parfaitement que le réveil du lendemain risque d'être assez déplorable, ce qui n'empêche pas de boire quand même. Ce peut être la même chose pour des produits plus nocifs. Tout dépend de la façon dont l'individu valorise leur consommation et de l'importance qu'il attache à son avenir. Un individu rationnel peut échanger un plaisir immédiat contre des peines ultérieures, d'autant plus quand celles-ci ne sont pas certaines (fumer beaucoup ne garantit pas un cancer du poumon). L'aversion au risque de chacun vient alors s'ajouter aux différences d'appréciation du produit, expliquant pourquoi certains se droguent et d'autres non.

La thèse de l'addiction rationnelle a cependant du mal à convaincre. Nous sommes plus enclins à voir le drogué pris dans une spirale où le besoin de drogue réduit à néant sa capacité à répartir raisonnablement son budget entre la consommation de différents biens : la drogue devient la seule affectation possible. Dans une telle configuration, un choix rationnel ne peut décemment pas émerger. Le grand économiste Thomas Schelling a même pu dire que ceux qui défendaient le point de vue de l'addiction rationnelle ne savaient pas de quoi ils parlaient. Pourtant, la thèse du drogué esclave n'est pas en tout point satisfaisante.

En premier lieu, elle caractérise des individus totalement dépendants. Si l'on ne se place plus du point de vue de la légalité des produits consommés, l'accoutumance se retrouve dans de nombreux produits, qui ne constituent pourtant pas le seul bien consommé par ses accros. Du café au shopping, en passant par le chocolat noir à 80 % de cacao et la cigarette, certains « drogués », loin d'être des esclaves dépendants, restent capables de faire des choix.

Ensuite, la théorie de Becker et Murphy permet de comprendre comment la consommation de drogue d'un individu évolue au cours du temps : une hausse traduit l'accoutumance, qui oblige à accroître sa consommation pour retrouver les mêmes sensations. Les baisses, voire le sevrage, s'expliquent par des événements extérieurs, qui modifient le choix entre se droguer et ne pas le faire. Ainsi, l'augmentation du prix du tabac incite à s'arrêter, tout comme la perspective de retrouver une vie de famille, un emploi, etc. peut justifier une désintoxication à des drogues dures. Les gains liés à la consommation de drogue sont dépassés par ceux liés à son arrêt, induisant une révision rationnelle du choix passé.

Thomas Schelling a une approche un peu différente du problème, qui exprime un conflit de rationalité. Chacun abrite une guerre intérieure entre des aspirations opposées : vouloir vivre longtemps en bonne santé tout en fumant, profiter des plaisirs de la table et rester svelte, etc.

Cette confrontation explique plus simplement encore que la thèse précédente pourquoi la consommation peut varier au cours du temps : si aucune facette de l'individu ne l'emporte définitivement, chacune s'octroie des victoires par alternance. Pour Schelling, les gens passent d'ailleurs du temps à organiser ce contrôle, en s'imposant des pré-engagements : ils annoncent publiquement qu'ils arrêtent de fumer, se soumettant à la pression des autres, ils s'inscrivent d'eux-mêmes sur des listes noires dans les casinos, quand la fièvre du jeu les laisse en paix, etc.

Les approches de Becker et Murphy comme celle de Schelling donnent des indications utiles en matière de politique publique : dans le domaine de la lutte contre le tabac, par exemple, la rationalité « addictive » incite le fumeur à réviser ses choix quand le prix du tabac augmente ; la thèse de Schelling fait des hausses tarifaires un soutien à ceux qui luttent contre leurs « mauvais » penchants. En pratique, on constate deux phénomènes intéressants : le premier est que certaines catégories de fumeurs sont effectivement sensibles aux variations du prix du tabac ; le second est que lors de l'annonce d'une future hausse des prix, certains fumeurs réduisent d'emblée leur consommation, avant même que l'augmentation ne soit effective. Autrement dit les fumeurs optimisent leurs choix, comme le prédisent les théories de Becker et Murphy, comme celle de Schelling.

Preuve que si les psychiatres et les sociologues ont indéniablement leur mot à dire pour interpréter la dynamique des comportements addictifs, les économistes peuvent, eux aussi, présenter quelques arguments utiles.

Kamikaze, un débouché à bac +5

L'analyse économique peut également aider à comprendre les ressorts du terrorisme. Car, qu'est-ce que le terrorisme, en termes économiques ? Rien d'autre, comme le définit Alan Krueger, qu'une « violence politique préméditée », caractérisée par la recherche d'un objectif de médiatisation qui dépasse de loin le décompte des victimes. L'économie du terrorisme connaît d'ailleurs un développement notable depuis le 11 septembre 2001. Elle offre une grille d'analyse fondée sur un raisonnement en termes de rationalité, d'offre, de demande et de contrats.

Du côté de l'offre, on trouve des individus prêts à échanger leurs services avec des organisations – la demande –, dont l'objectif est de perpétrer des violences politiques.

L'analyse économique du crime permet de modéliser ce principe assez simplement. Il existe cependant un cas qui, *a priori*, pose un sérieux problème. Celui des attentats suicides. Comment trouver un avantage à mourir de façon certaine ? Une façon commune de répondre est d'invoquer le désespoir de ceux qui n'ont rien à perdre ou ne savent pas ce qu'ils font. En d'autres termes, établir un lien entre pauvreté, éducation et terrorisme. Le bon sens commun est pourtant trompeur. Car il peut être rationnel de se faire sauter avec une ceinture d'explosifs. Un candidat à l'attentat suicide en retire en effet une certaine utilité : célébrité, honneurs, reconnaissance, statut moral, accomplissement de soi, gains obtenus par les proches ou soi-même avant l'attaque et, pour finir, satisfaction de causer des dégâts à un groupe haï.

Les études sur les kamikazes ne montrent d'ailleurs pas de tendances psychopathologiques particulières. Le fanatisme religieux ou nationaliste n'explique pas non plus pourquoi ils passent à l'acte, alors que d'autres, animés par les mêmes convictions, ne le font pas. Pour Mark Harrison[3], le passage à l'acte se fait lorsque la réponse à la question « qui suis-je ? » est plus facile à obtenir en

---

3. Mark Harrison, « An Economist Looks at Suicide Terrorism », *World Economics*, vol. 7, n° 3, juillet-septembre 2006.

mourant qu'en construisant longuement une identité (d'où la jeunesse des kamikazes).

Les pauvres et les moins éduqués sont-ils plus enclins au terrorisme que les autres ? Non, si l'on se réfère aux cas particuliers. Ben Laden est riche et diplômé, les terroristes du 11 septembre 2001 comptaient presque tous parmi les étudiants, et les auteurs des attentats ratés de Glasgow et Londres en 2007 étaient médecins. Non plus, si l'on se fie aux travaux d'Alan Krueger et Jitka Maleckova[4]. Ils montrent, à partir de données issues de plusieurs pays, que les violences haineuses (dirigées contre des groupes spécifiques, sans motif crapuleux) sont le fait de gens généralement plus éduqués que la moyenne. L'analyse des données israéliennes prouve également que, aussi bien du côté palestinien qu'israélien, le recours aux attentats contre l'autre communauté est plus souvent justifié pour les personnes relativement riches et éduquées. L'analyse des biographies des membres du Hezbollah libanais montre qu'ils sont généralement moins pauvres que la moyenne de leur communauté et plus éduqués. Il en va de même pour les kamikazes agissant en Israël. Sans conclure à une relation inverse, ils en déduisent que le lien communément admis entre pauvreté, éducation et terrorisme ne tient pas. Les auteurs estiment que l'éducation donne un sens supérieur à l'action politique. Ce qui explique grossièrement pourquoi les plus dotés en capital humain seraient aussi les plus enclins à s'engager dans le terrorisme. Efraim Benmelech et Claude Berrebi avancent une autre explication : les attentats suicides sont des actes complexes. Leur réussite dépend d'une organisation fine,

4. Disponible à l'adresse : http://www.krueger.princeton.edu/terrorism2.pdf. Un résumé, par les auteurs, est à disposition à cette adresse : http://chronicle.com/free/v49/i39/39b01001.htm.

dans laquelle les plus dotés en capital humain sont également les plus aptes à atteindre les objectifs. Il est donc naturel qu'ils soient recrutés. Leur étude empirique confirme cette hypothèse. Les kamikazes les plus éduqués causent le plus de dégâts et sont les plus souvent recrutés pour les attentats d'ampleur.

L'économie du terrorisme est un domaine presque neuf. Ces résultats doivent donc être interprétés avec prudence. Comme pour tous les sujets abordés dans les pages précédentes, la théorie économique n'a pas vocation à expliquer à elle seule la nature du terrorisme. Mais doit-on pour autant lui refuser toute légitimité ?

4

On apprend des choses à l'école

We don't need no education.
We don't need no thought control.
No dark sarcasm in the classroom.
Teachers leave those kids alone.

PINK FLOYD

Pourquoi envoyer les enfants aussi longtemps à l'école si c'est pour en faire des chômeurs ou des télévendeurs intérimaires ? Si personne ne remet véritablement en cause l'intérêt de la scolarité obligatoire, qui permet d'acquérir des compétences de base – lire, écrire, compter, etc. –, celui de l'enseignement supérieur apparaît parfois moins évident, surtout en période de sous-emploi massif. Les familles doivent-elles vraiment inciter leurs enfants à poursuivre des études supérieures ? Et l'État doit-il leur consacrer des ressources collectives aussi importantes ?

Investissement ou frime nécessaire ?

Dans les années 1960, Gary Becker, Théodore Schultz, Jacob Mincer, Théodore Denison et quelques autres ont théorisé la « rentabilité de l'enseignement » : persévérer dans les études, c'est se donner des chances d'avoir de meilleurs revenus plus tard. Parce que l'on sort plus efficace de sa scolarité, les employeurs paieront de meilleurs salaires. En conséquence, un individu ira à l'école tant qu'une année d'études supplémentaire lui rapportera plus que ce qu'elle ne lui coûte au moment présent. Il investit dans son « capital humain ». D'où le nom donné à cette thèse, baptisée « théorie du capital humain ».

Encore s'agit-il de cerner les coûts subis et les gains engrangés. Que coûtent les études ? De l'argent tout d'abord : il faut payer les infrastructures scolaires, les professeurs, les livres, le logement, les consoles de jeux et les sorties en discothèque... Mais elles représentent aussi une perte de temps : un jeune qui va à l'école ne gagne pas sa vie. Et même si on l'employait à un salaire peu élevé, il existe tout de même un « coût d'opportunité » à prendre en compte.

A priori, cette théorie du capital humain ne fait guère l'unanimité en France. Si l'on en croit les remarques entendues dans les couloirs de grandes entreprises, sans même parler des salles de profs, le constat est univoque : « Le niveau baisse », « Les jeunes qui quittent l'école à bac +2, voire plus, et ne sont pas opérationnels », « On se demande ce qu'ils apprennent ». Bref, l'école ne paraît guère un investissement rentable.

Pourtant, questionnez ces mêmes personnes sur l'intérêt de poursuivre des études le plus longtemps possible et elles vous répondront qu'il est indubitable. Le paradoxe n'est qu'apparent. Il constitue une application implicite de la thèse que Michael Spence développa dans les années 1970 : pour lui, le diplôme joue avant tout le rôle d'un « signal ». Il se peut que l'école ne serve pas à fabriquer de bons ingénieurs, de bons managers, de bons maçons. Mais elle serait du moins organisée pour filtrer les plus talentueux et, inversement, stigmatiser les moins doués. Ainsi, si l'on constate que les meilleurs en maths se révèlent souvent les meilleurs dans beaucoup d'autres matières, il suffit au candidat de montrer ses qualités en mathématiques pour signaler aux employeurs qu'il ferait un excellent salarié. Peu importe alors qu'il ne soit pas immédiatement productif dans le domaine professionnel visé, l'essentiel est de prouver qu'il peut le devenir rapidement. La thèse trouve certains échos dans notre système professionnel et scolaire où les grandes écoles de commerce et d'ingénieurs produisent des diplômés dont la compétence technique est, de l'aveu même de leurs anciens élèves, présentée comme très relative. Mais ils apprennent vite, se construisent des réseaux sociaux avec facilité, maîtrisent leurs codes et ne rechignent pas à travailler dur.

Qui a raison ?

Reste à savoir laquelle des deux théories semble la plus pertinente. Les départager n'est pas facile. La corrélation entre niveau d'études et salaires est réelle. Il existe également un lien entre le nombre d'années passées à l'école et la probabilité de trouver plus facilement un emploi. En France, celui qui s'éduque une année de plus dans le supérieur obtient un salaire plus élevé d'environ 10 à 16 %[1]. C'est un très bon rendement. Mais cela ne prouve pas que la théorie du capital humain soit exacte. Peut-être simplement les plus

1. Éric Maurin, *La nouvelle question scolaire*, Seuil, 2007.

talentueux, en raison de facteurs personnels tels que l'environnement familial, font-ils aussi les plus longues études ? Alors être plus formé rend-il plus productif, ou être plus doué conduit-il à faire plus d'études, comme le prédit la théorie du signal ?

Pour éclaircir le débat, les chercheurs tentent d'isoler la part du talent et celle de l'éducation dans le rendement de l'éducation. Mais comment mesurer le talent ? Il ne se résume pas à des tests d'intelligence. Les économistes cherchent donc à reconstituer des « expériences naturelles », par exemple en observant les salaires de jumeaux monozygotes avec des niveaux d'études différents. Si la différence de salaires est marquée, cela doit signifier que la théorie du capital humain est pertinente. Le hic, c'est que deux jumeaux n'ont pas forcément bénéficié également de la culture familiale, qui détermine en partie le talent. Et comment être sûr que le talent est génétique ? Autre écueil : le problème du « biais de sélection », car si les individus s'engagent dans les études pour lesquelles ils sont les plus doués et motivés *a priori*, difficile alors de savoir s'ils réussissent mieux grâce à leurs études ou grâce à leur talent. Ces aspects se confondent dans la mesure du rendement de l'éducation.

Si l'on se fie néanmoins à ce type de travaux, l'effet du talent n'apparaît pas si marqué : il ne contribuerait qu'à 10 % du rendement mesuré de l'éducation, ce qui est peu élevé. D'autres expériences naturelles vont dans ce sens. Autrement dit, la théorie du capital humain semble la plus pertinente.

Que fait l'État dans cette galère ?

N'empêche, si les deux approches, celle du capital humain comme celle du signal, estiment que l'école est un investissement rentable pour l'individu, elles soulèvent une nouvelle question : scolariser plus longtemps les jeunes apporte-t-il un gain net pour la société ? Ou s'agit-il simplement de dépenser des ressources considérables pour créer un positionnement des talents ? Dans ce cas, la course au diplôme n'est pas socialement bénéfique.

Or, dans la plupart des pays, au moins les deux tiers de la scolarité, instruction primaire et secondaire, sont largement pris en charge par des dépenses publiques. Pourquoi l'État se mêle-t-il de ce qui semble relever d'une question familiale ?

Des raisons plus ou moins connues

Une première raison est le souci d'aider les gens à prendre de bonnes décisions. Choisir la bonne durée pour les études des enfants n'est pas forcément facile. Si les rendements de l'éducation ne sont pas toujours clairement perçus, les parents risquent de ne pas envoyer leurs enfants suffisamment à l'école.

L'éducation est en outre un bien spécifique. Elle bénéficie à celui qui s'instruit, mais aussi aux autres. Lorsque vous êtes bien formé, ces compétences profitent aussi à ceux qui travaillent avec vous. C'est un mécanisme d'« externalité » formidable, mais également terrible : si les individus ignorent cet aspect et n'anticipent pas ce cercle vertueux collectif, ils auront tendance à ne pas s'éduquer assez. Car il n'existe pas de marché qui permette de rémunérer chacun pour le service rendu aux autres. L'éducation est, sous cet angle, un bien partiellement public[2]. Son rendement privé

---

2. Un bien public est un bien non exclusif (on ne peut pas faire payer quelqu'un pour le consommer) et non rival (son utilisation par quelqu'un n'empêche pas quelqu'un d'autre de l'utiliser aussi bien). Typiquement, l'éclairage public des rues en est un exemple.

est réel, puisque s'éduquer bénéficie en priorité à celui qui le fait. Mais son rendement social est encore plus élevé, puisque sa production bénéficie aussi à autrui.

En demandant à tout le monde de contribuer à cet effort, au travers des impôts, on souhaite maximiser les bienfaits de l'éducation qui devraient ensuite se traduire en termes de richesses créées. Seul problème : toutes les familles ne bénéficient pas de l'école au même niveau. Un financement public peut même s'avérer injuste si les plus riches sont aussi ceux qui poursuivent le plus longtemps leurs études. Il est même inefficace, car les familles relativement plus aisées sont déjà en mesure de financer la scolarité de leurs enfants et ne font que bénéficier d'un « effet d'aubaine » évident.

Bien sûr, certaines familles n'ont pas les moyens d'envoyer leurs enfants à l'école. Sans aide extérieure, ceux-ci ne pourraient pas s'instruire, même s'ils sont talentueux.

Les banques devraient en principe pouvoir régler ce problème sans recours à l'État, en prêtant aux étudiants prometteurs, mais pauvres. Cependant, un banquier n'est pas forcément capable de détecter les talents et donc les bons emprunteurs (problème d'antisélection)[3]. Même s'il le peut, comment savoir si, une fois l'argent prêté, tous les efforts pour réussir seront réalisés (problème d'aléa moral)[4] ? Difficile donc de recourir au secteur financier pour financer son investissement en capital humain.

---

3. Il y a antisélection quand, en situation d'information imparfaite, il est impossible pour un agent économique de distinguer la qualité des différents offreurs ou demandeurs qui lui font face sur un marché. Un autre cas typique où elle se manifeste est celui du marché de l'occasion automobile sur lequel de bons véhicules côtoient des tacots sans qu'on puisse toujours le détecter *a priori*.
4. L'aléa moral apparaît lorsqu'il est impossible, après avoir signé un contrat, de contrôler que le cocontractant fera de son mieux pour l'exécuter. C'est le cas par exemple sur le marché de l'assurance automobile où le fait d'être assuré peut occasionner un relâchement de la prudence du conducteur.

Du coup, l'État intervient fréquemment, par exemple en garantissant les prêts auprès des banques, ou en subventionnant les plus pauvres, par le système des bourses scolaires.

Les pratiques diffèrent d'un pays à l'autre. Des pays comme la Grande-Bretagne ou l'Australie pratiquent des droits d'inscription plus élevés que la France, financés par des crédits dont le remboursement varie en fonction des revenus perçus par l'emprunteur. La formule a un certain attrait, en ce qu'elle concilie incitations et solidarité (pour ceux qui ont ensuite une carrière difficile). Elle a un autre intérêt, qui est de faciliter le financement des établissements d'enseignement.

Difficile au final de juger quel système se montre le plus juste ou le plus efficace. Mais ce n'est certainement pas le système français actuel ! Celui-ci se révèle incapable de financer correctement les besoins des étudiants, de plus en plus contraints de travailler pour vivre (ce qui accroît dramatiquement les risques d'échec). Il ne crée aucune incitation à l'effort, autant sur le plan de l'orientation que du travail scolaire, la collectivité finançant les échecs, sans conséquence pour les étudiants. Entre les universités « McDonald's » et les facs nord-coréennes de Kim Jong-Il, il faudra bien trouver une voie.

L'éducation comme moteur de la croissance

Mais, au fond, pourquoi accroître le niveau d'éducation global ? La réponse est assez simple : les études sur la croissance économique démontrent que plus le stock global de capital humain est élevé, plus la croissance l'est. Mais selon le niveau de développement, il est plus ou moins judicieux d'investir dans l'enseignement primaire, secondaire ou supérieur.

Un pays déjà riche devrait plutôt miser sur l'enseignement supérieur, sa prospérité future dépendant avant tout de l'innovation. Un pays en développement doit en priorité amener un grand nombre de ses habitants à un niveau primaire puis secondaire[5]. C'est pourquoi tous les débats français autour du bac, de son niveau et de son universalité, ont un côté pathétique : ce rituel coûte cher, financièrement et symboliquement, car il détourne l'attention des familles des vrais enjeux (les études supérieures) et mobilise inutilement des ressources financières dans l'enseignement secondaire.

Bénéfices sociaux d'une approche économique de l'école

Cette approche de l'école n'est-elle pas socialement trop restrictive ? Oui et non. Derrière les calculs utilitaristes de l'ignoble économiste se cache souvent le bonheur social. On sait par exemple de longue date que les pays dans lesquels les femmes ont suivi une scolarité minimale présentent des taux de mortalité infantile plus faibles, dans les pays en développement, mais aussi dans les nations plus riches. Janet Currie et Enrico Moretti, de l'université de Californie[6], ont ainsi étudié les naissances aux États-Unis entre 1970 et 1999. Ils ont constaté que les femmes ayant achevé leurs études secondaires dans une zone où se trouve une université ont des taux de naissance prématurée plus faibles qu'ailleurs.

Il est clair, par ailleurs, que prendre spécifiquement en charge les enfants issus de milieux défavorisés est une bonne affaire pour la société dans son ensemble. Les études

5. Philippe Aghion, Élie Cohen, *Éducation et croissance*, rapport au CAE, La Documentation française, 2004.
6. Leur travail est décrit dans l'ouvrage de E. Maurin, *op. cit.*

montrent, aux États-Unis notamment, qu'investir dans l'éducation de certaines catégories défavorisées, dès le plus jeune âge, est excellent pour les caisses de l'État et les individus qui les croisent plus tard. Car cela réduit les risques de délinquance. James Heckman[7] a ainsi estimé qu'un dollar investi dans le soutien scolaire spécifique de jeunes issus de milieux défavorisés rapportait environ sept dollars à la collectivité. Les sept dollars gagnés se retrouvent dans le préjudice économisé pour les victimes, l'allégement des coûts judiciaires et pénitentiaires, les économies d'aide sociale et même en termes de soutien scolaire ultérieur. En outre, un adulte inséré devient un contribuable heureux.

Globalement, le rendement des aides à l'éducation est d'autant plus élevé que l'effort est massif, et les enfants très jeunes. Plus l'âge est élevé, plus les budgets concernés sont dispersés, moins les résultats sont spectaculaires, quoique non négligeables.

Mais ce principe est souvent complexe à appliquer. La France en sait quelque chose, elle qui mit en place, dans les années 1980, le système des zones dites d'« éducation prioritaire » (ZEP). Les ZEP, on le sait, ont de gros défauts[8]. En gros, trop d'établissements classés ZEP et pas assez de moyens pour chacun. L'effet global est donc décevant, en dépit des sommes globalement investies et de l'intérêt de certaines mesures (comme les classes à effectif réduit)[9].

---

7. James J. Heckman, « Policies To Foster Human Capital », *Research in Economics*, 54, 1, mars 2000, pp. 3-56.
8. R. Bénabou, F. Kramarz et C. Prost, « Zones d'éducation prioritaire : quels moyens pour quels résultats ? », *Économie et Statistique*, n° 380, 2004.
9. T. Piketty, « L'impact de la taille des classes et de la ségrégation sociale sur la réussite scolaire dans les écoles françaises : une estimation à partir du panel primaire 1997 », document de travail, 2004.

Conclusion : éduquons

Il existe de bonnes raisons de penser que l'investissement éducatif apporte un bénéfice à la société en termes de niveau moyen de qualification et de compétence professionnelle. Autrement dit, pas question de nier l'existence d'un effet de signal, mais il ne convient pas non plus d'en faire l'alpha et l'oméga de l'économie de l'éducation. Comme Éric Maurin le montre de façon très convaincante[10], l'effort de massification de l'enseignement en France a porté ses fruits et doit être poursuivi, en fixant des objectifs et des modalités différents et en acceptant des résultats probablement moins spectaculaires, mais réels.

---

10. *Op. cit.*

Partie II

Être interdit à la télévision (sauf chez Ardisson)

5

La dette publique est un faux problème

> *« No man whatever having lent his money to the government on the credit of a parliamentary fund has been defrauded of his property... The goodness of the public credit in England is the reason why we shall never be out of debt... Let us be, say, a free Nation Deep in debt, rather than a Nation of slaves owing nothing. »*
>
> Pamphlet anonyme, Grande-Bretagne, 1719

Pas un jour ne passe sans que le débat économique et politique français n'aborde la question de la dette publique. La litanie ne varie guère. La « dette de la France » serait, nous répète-t-on, colossale : près de 20 000 euros par Français ! Voilà le fardeau que notre génération, folle dépensière, impose à ses enfants, qui dès la naissance se retrouvent perclus de dettes. Cette charge pousse la France vers la faillite, à moins qu'elle n'y soit déjà ! Des mesures « vertueuses et courageuses » s'imposent pour rétablir la situation. Cette litanie a tellement hanté la campagne présidentielle de 2007 que lors d'une émission politique les candidats étaient interrogés dans un studio équipé d'un écran géant indiquant, « en temps réel », l'évolution de l'endettement public. Impossible pour eux de se soustraire aux questions sur le sujet. Tout au long de la campagne, un *think tank* se livrait au « chiffrage » des différents programmes, afin d'évaluer la contribution future de chacun d'entre eux à ce fléau. Le sujet se retrouve aussi régulièrement au centre de rapports publics en général aussi alarmistes que dûment commentés, rédigés par des personnalités renommées (telles, récemment, Michel Camdessus, ou Michel Pébereau).

Tout ce catastrophisme est-il bien justifié ? Pas vraiment. Si l'on peut légitimement s'inquiéter du montant de la dette publique, les raisons se révèlent plus complexes qu'il n'y paraît. Mais surtout, le débat actuel ignore les questions vraiment importantes.

Voici donc quelques-uns des mythes entretenus sur le sujet.

***Mythe numéro un :** la dette publique est la dette « de la France ».*

Il ne s'agit là pas tant d'un mythe que d'un raccourci particulièrement trompeur. La dette publique correspond à une chose simple : quand l'État, la Sécurité sociale ou les administrations locales dépensent plus qu'ils ne collectent en recettes publiques, les dépenses sont financées par l'endettement. Chaque année, le montant total de la dette est mesuré par le déficit public et l'accumulation des endettements successifs, somme dont il convient cependant de déduire les dettes qui, arrivées à échéance, sont remboursées.

Mais les administrations publiques ne représentent pas le pays tout entier. Elles ne sont qu'un agent économique parmi d'autres. Leur endettement ne symbolise donc pas plus la situation financière « du pays » que celui de n'importe quel particulier ou entreprise. Si l'on s'intéresse à la « dette de la France », mieux vaut considérer l'endettement extérieur, c'est-à-dire la dette contractée par des résidents français auprès de résidents d'autres pays, diminuée des créances contractées par des étrangers auprès de Français.

Or, seulement la moitié environ de la dette publique française est souscrite par des investisseurs étrangers et contribue à l'endettement national total (la dette publique représente environ un tiers de celui-ci).

Pour une bonne part, la dette publique est contractée auprès des Français eux-mêmes. Autrement dit, le chiffre de 20 000 € par habitant est grossièrement exagéré, puisque les mêmes Français disposent, vis-à-vis de l'État, d'une créance correspondant à la moitié environ de ce montant.

Mythe numéro deux : *la dette publique est une mauvaise chose par nature, qui met en péril la « soutenabilité » du budget de l'État.*

Vieux reste de mentalité judéo-chrétienne, souvenir de l'époque où l'usure était considérée comme un péché ? L'endettement public est immanquablement présenté comme une mauvaise chose, une dette « malsaine » dont il faut impérativement se débarrasser.

En réalité, elle ne constitue qu'un moyen comme un autre de financer les dépenses publiques, qui présente des avantages et des inconvénients. Un exemple simple permet de le comprendre. Supposez que vous décidiez, parce que vous n'avez pas le temps de le faire vous-même, de confier à une tierce personne le soin d'acheter vos vêtements chaque année. Celle-ci dispose d'une ligne de crédit sur vos comptes, qui lui permet de dépenser la somme qu'elle estime nécessaire et de financer vos achats de la façon qu'elle préfère. Supposons que vous disposiez d'un patrimoine de 1 000 euros, qu'elle achète pour 100 euros de vêtements, et que les taux d'intérêt atteignent 10 %. Trois moyens de paiement sont possibles.

> La première solution, la plus simple, est celle de l'achat au comptant. Dans ce cas, une fois la dépense réalisée, il vous reste 900 €. Grâce aux intérêts de 10 % perçus sur votre patrimoine, vous disposez à la fin de l'année de 990 € (les 900 € qui vous restaient, plus 10 % d'intérêts).
>
> La deuxième solution est celle de l'achat à crédit sur un an : vous achetez tout de suite et payez au bout d'un an, avec les intérêts. Dans ce cas, vous disposez pendant un an de vos 1 000 € qui deviennent, douze mois plus tard, une fois les intérêts de 10 % encaissés, 1 100 €. Mais vous devez rembourser le capital emprunté (100 €) et les intérêts à 10 % (10 €), soit au total 110 €. Il vous reste alors 1 100 – 110 = 990 €, exactement comme lorsque vous aviez acheté au comptant.
>
> La troisième solution consiste à s'endetter indéfiniment. Vous ne remboursez jamais le capital emprunté, mais dans ce cas, vous devez aussi payer des intérêts indéfiniment (les emprunts éternels n'existent pas, mais vous pouvez aboutir au même résultat en empruntant chaque année pour rembourser ce que vous devez de l'année précédente). À la fin de l'année, vous détenez toujours un patrimoine de 1 100 €, comme précédemment. Vous devez en déduire 10 € d'intérêts à payer ; mais comme vous vous êtes engagé à payer indéfiniment des intérêts de 10, vous devez « geler » une partie de votre patrimoine (100 €) pour acquitter cette dette de 10 € par an. Au total, votre patrimoine disponible atteint là encore 1 100 €, moins 10 € d'intérêts payés cette année, moins 100 € qui restent gelés, soit 990 €, comme dans les deux cas précédents.

In fine, quelle que soit la façon dont vous financez votre achat, votre patrimoine restera inchangé à 990 € plus 100 € de vêtements. C'est un raisonnement économique classique : pour une dépense donnée, le mode de financement est neutre. Le seul élément important, c'est la nature et le montant de la dépense : le problème surgit si votre argent ne vous a pas procuré la quantité de vêtements qui vous convient, ou si ceux-ci se révèlent d'une qualité inadéquate. Mais ce problème est indépendant de la façon dont a été financée la dépense.

La question de la dette publique se pose exactement dans les mêmes termes. Dès lors que l'État engage des dépenses pour fournir aux contribuables des biens et des services financés sur leurs deniers, le mode de financement de ces dépenses importe peu. Il est possible que l'État dépense trop et mal, mais cela pose un problème de toute façon, que les dépenses en question soient financées par la dette ou par l'impôt. L'impôt lui-même est un mode de financement des dépenses publiques qui n'est pas dépourvu d'inconvénients. Après tout, les conséquences macroéconomiques de l'endettement public sont modérées (une légère hausse des taux d'intérêt, si la dette publique limite les fonds prêtables disponibles pour les entreprises et les particuliers) ; en revanche, les hausses d'impôts, tout comme les baisses de dépenses publiques, produisent des effets extrêmement brutaux sur la conjoncture. Si l'État engage des dépenses inutiles et gaspille son budget, il est absurde de dire qu'il est « vertueux » s'il fait cela en augmentant les impôts et « malsain » s'il recourt à la dette publique. Cela nous amène d'ailleurs au mythe numéro trois.

Mythe numéro trois : *la dette publique est mauvaise parce qu'elle impose de payer des intérêts ; la charge de la dette repré-*

sente aujourd'hui le premier budget de l'État ! Pire, les gens qui paient ces intérêts sont les contribuables ordinaires, alors que ceux qui touchent ces intérêts sont des rentiers ; la dette publique enrichit les riches et appauvrit les pauvres. Elle est une façon de faire payer nos enfants pour nos errements.

S'il est régulièrement entendu dans le débat sur la dette publique, ce raisonnement se révèle totalement faux. Certes, lorsque les dépenses publiques du passé sont financées par l'endettement plutôt que par des impôts, les contribuables réalisent une économie : ils bénéficient de dépenses publiques sans avoir à les payer. L'argent ainsi économisé reste dans leurs patrimoines. Et les intérêts qu'ils acquittent constituent la contrepartie de cette économie réalisée. Si les contribuables ne souhaitent pas financer les intérêts de la dette publique, ils peuvent recourir à un moyen très simple : acheter des titres de la dette publique pour un montant équivalent à leur quote-part de dette. Comme on l'a dit précédemment, les Français détiennent déjà environ la moitié de la dette publique. Autrement dit, ils touchent la moitié des intérêts payés par l'État : il ne s'agit donc pas de dépenses publiques qui s'évaporent dans la nature, mais de l'argent qui revient… aux contribuables. S'ils le souhaitent, ils peuvent acheter le reste, ce qui conduirait chaque Français, en moyenne, à toucher chaque année exactement le même montant que celui qui est acquitté pour les intérêts !

Pourquoi les contribuables français n'agissent-ils pas de la sorte ? Tout simplement parce qu'ils ont mieux à faire de leur argent. Est-il absurde qu'ils décident plutôt de consommer ou de placer sur d'autres supports l'argent économisé lorsque la dépense publique est financée par la dette ? Probablement pas. Si les Français trouvent des usages plus productifs à leur argent que l'achat de bons du Trésor, c'est toute l'économie française qui en bénéficie.

Évidemment, le raisonnement fondé sur des montants moyens par Français est un peu trompeur : il néglige le fait qu'au passage il y a redistribution, des contribuables vers ceux qui épargnent, et des bénéficiaires des dépenses publiques d'aujourd'hui vis-à-vis des générations futures. C'est exact, mais cela constitue-t-il tellement un problème ? Là encore, considérer la dette isolément, en faisant abstraction de la nature des dépenses publiques engagées, est un raisonnement tellement tronqué qu'il n'a aucun sens. Supposons que le gouvernement finance par la dette publique des dépenses sociales (une augmentation du RMI par exemple) ; les bénéficiaires de l'opération sont au bout du compte les Français les plus pauvres.

Quant au report des dépenses sur les générations futures, n'oublions pas que celles-ci seront, grâce à la croissance économique, beaucoup plus riches que nous. La redistribution entraînée par la dette publique se révèle donc relativement juste, puisqu'elle consiste à prélever sur les riches (les générations futures) pour aider les pauvres (nous par rapport à eux).

Mythe numéro quatre : *le chiffre de la dette publique a un sens.*

Étonnamment, le débat sur la dette publique se résume souvent à assener des chiffres chocs (les fameux 20 000 € par Français) qui varient pourtant d'un interlocuteur à l'autre. Ainsi, le rapport Pébereau sur la dette publique indiquait que son montant « réel » dépassait son montant officiel. Prendre en compte d'autres engagements de l'État (par exemple les retraites futures des fonctionnaires) contraindrait à doubler le montant officiel de la dette. Certains estiment même qu'il conviendrait d'appliquer au budget de l'État les mêmes règles comptables que celles qui s'imposent aux entreprises.

Tout cela est absurde, pour plusieurs raisons. Tout d'abord, les comptes publics n'ont pas la même vocation que les comptes des entreprises. Ces derniers servent à évaluer la solvabilité et la rentabilité des sociétés. L'État, lui, n'a pas vocation à être « rentable », à réaliser des bénéfices sur le long terme ; évaluer sa rentabilité n'a donc aucun sens. Certes, il peut se trouver insolvable, comme une entreprise : c'est ce qui se produit dans les pays qui sont victimes de crises d'endettement. Mais les sources de la solvabilité d'un État et d'une entreprise ne sont pas les mêmes. Les recettes d'un gouvernement dépendent de sa capacité à lever des impôts, capacité variable en fonction de la conjoncture économique. Un État peut également imposer une augmentation de ses recettes (les impôts) beaucoup plus facilement qu'une entreprise, qui dépend du bon vouloir de ses clients pour vendre ses produits.

Affirmer qu'il faudrait incorporer dans le chiffre de la dette publique actuelle les engagements de dépenses futures de l'État pose plus de questions que cela n'en résout : où s'arrêter ? Supposons que certains candidats à la présidence de la République multiplient les promesses onéreuses : convient-il d'évaluer la probabilité que les candidats en question soient élus, appliquent effectivement leur programme, pour *in fine* les agréger aux engagements futurs de l'État ? On oublie aussi fréquemment que les engagements, comme ceux portant sur les retraites, évoluent en fonction de la législation, et notamment des réformes éventuelles des systèmes de retraite. Comment anticiper ces fluctuations ? Et s'agirait-il, *a contrario*, d'applaudir devant la vertu d'un État qui déciderait de renoncer à payer les retraites des fonctionnaires ?

À l'inverse, supposons que l'État décide de prendre à sa charge les retraites d'une entreprise, et reçoive en contrepartie de cette dernière un paiement immédiat, qu'il utilise pour réduire sa dette (ce qui s'est passé par exemple avec les retraites de France Telecom). Avec les modes d'évaluation actuels, cette opération est comptabilisée comme une « réduction de dette ». Pourtant, les engagements futurs de l'État ont augmenté dans l'opération ! Dernier exemple : supposons que l'État privatise une entreprise publique et utilise les recettes de cette privatisation pour réduire son endettement total. Certes, la dette totale diminue, mais l'État ne recevra plus, à l'avenir, les dividendes versés par cette société. Là aussi, l'opération peut se solder par une dégradation de sa situation financière, alors même que sa dette apparente aura diminué. Ce n'est pas une vue de l'esprit : c'est exactement ce qui s'est produit lors de la privatisation des sociétés d'autoroutes.

Enfin, comme pour les particuliers, la charge de la dette publique se trouve mécaniquement réduite par l'inflation et par la croissance économique (qui augmente les recettes de l'État). Son montant réel est moins élevé qu'il n'y paraît.

Au total, le chiffre de la dette publique n'indique pas grand-chose sur la solvabilité future du gouvernement, et les tentatives pour incorporer tel ou tel engagement futur ne font qu'amplifier la confusion. Constatons seulement que les opérateurs sur les marchés financiers ne semblent pas trop s'inquiéter de la solvabilité future de l'État français, dont ils achètent la dette à tour de bras.

Mythe numéro cinq : *la dette publique ne serait pas un problème, si seulement elle avait servi à financer des « investissements » et pas des dépenses courantes. Mais ce n'est pas le cas.*

Cet argument est un peu plus subtil : la dette publique ne saurait être considérée sans les dépenses qu'elle a financées. C'est notamment l'argument du rapport Pébereau : la dette publique française est symptomatique d'un État qui a « mal » dépensé. L'argument est plausible, mais il aurait été valide de la même façon si l'État avait financé ses dépenses par l'impôt.

On peut certes penser que, étant à court terme plus indolore pour les contribuables, la dette permet de dépenser plus et d'une façon moins rigoureuse. Dans cette perspective, imposer des limites à l'endettement de l'État serait une façon de l'inciter à mieux dépenser. Mais cet argument peut être dévoyé de diverses manières.

La première consiste à penser que les dépenses « vertueuses » de l'État sont ses investissements et que les dépenses de fonctionnement ne le sont pas. Or, si la distinction entre dépenses d'investissement et dépenses de fonctionnement a effectivement un sens comptable, elle ne nous dit rien sur la qualité des dépenses effectuées. Si un gouvernement construit des routes inutilisées dans diverses régions pour satisfaire des notables amis du pouvoir, c'est considéré comme un « investissement » ; les salaires versés aux enseignants ou au personnel médical constituent eux des dépenses de « fonctionnement ». Or, rien n'empêche d'arguer de ce que les premières dépenses ne contribueront en rien à la croissance future, alors que les secondes, en améliorant les compétences et la santé de la population, le feront. Cette présentation est bien entendu schématique, mais rappelle que « investissement » et « fonctionnement » ne sont pas nécessairement synonymes de « bonnes » et « mauvaises » dépenses publiques.

À regarder l'évolution des dépenses publiques au cours des trente dernières années, période durant laquelle la dette publique a fortement augmenté, on constate que le poids de l'État au sens strict dans le PIB n'a guère changé. Son budget reste largement constitué de dépenses régaliennes et d'éducation. Les augmentations les plus fortes proviennent des collectivités locales et des dépenses sociales, tout particulièrement de retraite et de santé. En somme, des coûts liés à la décentralisation (dont personne ne semble se plaindre, surtout pas les élus) mais surtout au fait que les Français vivent plus vieux et que les innovations médicales coûtent de plus en plus cher. On pourrait certainement répertorier de nombreux gaspillages et des dépenses publiques inutiles dans le budget de l'État, mais, étant donné la nature des augmentations de la dépense publique, aucune diminution drastique n'est à espérer sans dégrader significativement la situation des Français.

Cela ne veut pas dire qu'il n'y a rien à faire, simplement qu'il ne faut pas espérer de miracles. Dans ces conditions, la dette constitue une façon comme une autre de passer la période actuelle marquée par le vieillissement de la population et un rythme rapide de progrès technologiques dans le domaine médical, probablement moins nocive que si toutes ces dépenses avaient été financées par l'impôt, ou si elles n'avaient pas été effectuées.

Surtout, se focaliser sur la dette publique ne contribue pas à améliorer le fonctionnement de l'État, mais pousse au contraire à des politiques d'affichage contre-productives, visant à réduire la dette apparente plutôt qu'à se poser les questions vraiment importantes sur le budget de l'État. Lorsque la « vertu budgétaire » consiste à augmenter les impôts, à privatiser des entreprises à des prix manifestement trop faibles, à réduire des dépenses utiles tout en maintenant des dépenses clientélistes et en dissimulant cela sous le voile de la « nécessaire baisse de la dette publique », on peut s'interroger sur le bien-fondé de l'intérêt porté à la question de la dette. Si l'on se préoccupe tant de ce sujet, les raisons en sont souvent irrationnelles et reposent sur la confusion entre un État et un individu ou une entreprise ; mais les uns et les autres n'ont pas le même fonctionnement, ni les mêmes contraintes. Surtout, cette discussion conduit à négliger les vrais problèmes posés par les finances publiques : la dépense publique est-elle utile, efficace, juste, correspond-elle à des besoins réels ? L'impôt est-il simple, peu distorsif ? Le système fiscal est-il juste ? La redistribution fonctionne-t-elle de façon satisfaisante ? N'y a-t-il pas des gaspillages publics ? Tous ces aspects, qui permettent de juger l'action concrète du gouvernement (car il peut agir sur ces variables-là, bien plus que sur le chômage ou sur la croissance), sont gommés par la mythologie du déficit. Et pour les gouvernements français, tout ce qui permet de dissimuler la réalité de l'action publique est bon à prendre. Sinon, les citoyens pourraient demander des comptes à leurs élus, ça ferait des histoires.

6

Les prévisions des économistes sont nulles (et c'est normal)

> *« Pourquoi Dieu a-t-il inventé l'économie ?*
> *Pour que les prévisions météorologiques soient prises au sérieux. »*
>
> Blague d'économiste

Septembre 2007, l'OCDE l'annonce formellement : elle doit réviser à la baisse ses prévisions de croissance pour 2007 sur l'Europe et les États-Unis. La France, par exemple, ne doit plus s'attendre qu'à une progression de son « PIB » de 1,8 % contre les 2,2 % initialement estimés. Et pourtant, au même moment, la ministre de l'Économie française, Christine Lagarde, réaffirme sa prévision antérieure : elle y croit dur comme fer, la croissance atteindra 2,25 % en 2007. En février 2008, l'Insee rend son verdict : la croissance a été de 1,9 % en 2007 selon ses premières estimations. Au total, entre mai et décembre 2007, ce ne sont pas moins de dix-sept prévisions différentes, variant entre 1,5 % et 2,25 %, qui auront été publiées par divers organismes.

De telles nouvelles rythment l'information économique. Régulièrement, les organismes internationaux (OCDE, FMI, Onu, etc.), nationaux (Insee, etc.) ou les banques publient des prévisions, immédiatement disséquées et commentées dans les médias. On interroge des économistes : comment interpréter la nouvelle prévision ? L'optimisme ministériel est-il justifié ? L'opposition ne manque pas, elle aussi, d'intervenir dans le débat, profitant en général de l'occasion pour rappeler comment les chiffres témoignent de l'inanité des politiques gouvernementales. Les discussions durent un jour ou deux, jusqu'à l'arrivée d'autres estimations à leur tour fiévreusement discutées ; dans l'exemple cité, trois jours plus tard, l'Union européenne annonçait une autre prévision de croissance pour l'économie française.

Cette obsession du chiffre ne s'arrête pas à la croissance, dont l'ampleur exacte est parfois corrigée… bien des années plus tard. L'indice de confiance des consommateurs ou des chefs d'entreprises, l'évolution des ventes de détail au dernier trimestre, des salaires ou de la productivité hors agriculture (pourquoi « hors agriculture » ?), rythment ainsi les actualités des chaînes d'information boursière. La lecture des « bandeaux » défilant en bas d'écran a parfois un caractère presque surréaliste. Comment ainsi interpréter le commentaire suivant : « Les inquiétudes concernant la consommation des ménages font baisser l'indice Dow Jones. » Comment savoir ce qui motive les dizaines de milliers d'achats et de ventes quotidiens de titres à la Bourse de New York ? Peut-être les épargnants ont-ils tout bêtement vendu parce que le prochain week-end s'annonce beau et qu'ils veulent partir se faire bronzer l'esprit dégagé…

Pour l'observateur extérieur, cet exercice semble à la fois vain et mystérieux. Pourquoi donc paie-t-on (fort cher, si l'on en juge par la coupe impeccable de leur costume) tant d'économistes pour produire tant de prévisions fausses, et qui seront invalidées ou oubliées quelques jours après leur annonce ? Pourquoi consacre-t-on tant d'énergie à commenter des chiffres toujours inexacts ? Et surtout, quelle crédibilité accorder à une profession dont les membres passent l'essentiel de leur temps à produire et annoncer de façon péremptoire des prévisions dont ils savent qu'elles n'ont strictement aucune valeur réelle, en utilisant des modèles mathématiques dont la sophistication semble inversement proportionnelle à la capacité à donner des résultats valides ? Tous ces prévisionnistes sûrs d'eux ne seraient-ils que des charlatans ?

Les économistes connaissent parfaitement la grande faiblesse de leurs outils de prévision. Ils ont même poussé le vice à mettre eux-mêmes en évidence leurs lacunes. En 1983, par exemple, une étude[1] montrait qu'aucun modèle de prévision des taux de change ne permettait de prédire valablement la direction dans laquelle telle ou telle devise allait évoluer, encore moins avec quelle ampleur. Jeter une pièce et fonder sa prévision sur le résultat (pile ça va monter, face ça va baisser), ou supposer que la devise va évoluer de la même façon que le mois écoulé, donne de meilleurs résultats qu'appliquer un modèle de prévision, quel qu'il soit. Vingt-cinq ans plus tard, ce résultat tient toujours : aucun modèle n'est plus efficace pour prévoir les fluctuations de taux de change qu'une prévision réalisée totalement au hasard.

Le problème, d'ailleurs, n'est pas limité aux économistes : il concerne tous les types de prévisionnistes. Tout le monde, y compris les plus grands spécialistes, fait des erreurs en cherchant à prévoir l'avenir. Lire un ouvrage

1. R. Meese et K. Rogoff, *Empirical exchange rate models of the seventies : are any fit to survive ?*, publié par la Réserve fédérale américaine.

des années 1950 anticipant le « monde en l'an 2000 » est toujours l'occasion d'une franche rigolade. Et l'histoire est pleine de citations de gens pourtant extrêmement compétents dans leur domaine et se trompant lourdement dans leurs prévisions. Citons au hasard le physicien Lord Kelvin déclarant en 1895 que des machines volantes plus lourdes que l'air étaient une impossibilité physique ; le président de l'entreprise chimique Bayer, qui a refusé de commercialiser l'aspirine lors de son invention, la qualifiant de produit sans intérêt, et considérant que l'héroïne était un analgésique bien plus efficace ; T. Watson, président d'IBM, déclarant en 1943 que le marché mondial des ordinateurs serait définitivement limité à cinq appareils ; le président de la compagnie de cinéma Warner considérant en 1927 que le public n'avait aucune envie d'entendre la voix des acteurs.

Un psychologue américain, Philip Tetlock[2], a consacré une recherche de vingt ans à l'évaluation des capacités des experts – ceux qui conseillent les gouvernements et les entreprises, apparaissent à la télévision et dans les journaux, et participent à de savantes tables rondes sur l'avenir du monde – à prévoir les événements futurs. Pour cela, il en a interrogé plusieurs centaines dans des domaines très divers, en leur demandant, à intervalles de temps réguliers, de formuler des prévisions sur leur sujet de connaissance. Il a comparé ensuite la validité de ces prédictions à deux méthodes alternatives : une méthode parfaitement aléatoire (selon ses propres termes, équivalente à fonder ses prévisions sur l'observation de singes lançant des fléchettes sur une cible comprenant plusieurs scénarios) et une méthode empirique si simple que chacun doit

2. P. Tetlock, *Expert Political judgment : how good is it ? How can we know ?*, Princeton University Press, 2005.

pouvoir l'appliquer (comme supposer que le mois prochain sera identique au mois précédent). Le résultat de ses analyses est accablant : les experts ont en moyenne, et de façon durable, fait moins bien que les singes lançant des fléchettes, et ce dans tous les domaines. Certains experts, rares, ont fait mieux que le hasard : mais aucun n'a fait mieux que l'application de règles simples applicables sans connaissance particulière du domaine d'études.

Détail cruel : les erreurs des experts, loin de se corriger avec le temps, avaient tendance à s'amplifier. Au lieu de modifier leurs prévisions lorsqu'elles ne se réalisent pas, les experts ont très souvent tendance à considérer que leur échec est une preuve supplémentaire de ce qu'ils vont avoir raison. Autrement dit, les experts abusent de l'autopersuasion pour rester convaincus de la validité de leur pronostic. Supposez que deux de vos amis tombent mutuellement amoureux ; un autre de vos amis vous dit : « Cela ne va pas durer. » Au bout de deux mois, ils vivent ensemble ; votre ami vous dit alors : « Plus dure sera la chute lorsqu'ils se sépareront. » Au bout d'un an, ils se marient : « ils vont divorcer » pourra être la réplique. Avec ce genre de méthode, votre ami est sûr de n'avoir jamais tort même s'il n'a jamais raison : les experts raisonnent bien souvent de la même façon. Ainsi, il est pour ainsi dire impossible d'argumenter avec un « décliniste » sur l'économie française. Indiquez-lui des atouts de l'Hexagone, il vous répondra immanquablement : « Le jour où la France ne pourra plus compter sur cet atout, elle affrontera des difficultés terribles. »

Si l'on applique les découvertes de Philip Tetlock à la prévision économique, chacun d'entre nous peut sans difficulté devenir un prévisionniste. Vous voulez prévoir l'inflation ou le taux de croissance de l'économie française l'année prochaine, le chômage du mois prochain, l'évolution du cours entre l'euro et le dollar ? Très simple, il vous suffit d'affirmer que le futur proche ressemblera à l'actualité. Que la croissance et l'inflation atteindront l'année prochaine les mêmes pourcentages que cette année, que le chômage et le taux de change évolueront le mois prochain comme ils l'ont fait le mois dernier. Cette prévision sera fausse, bien entendu, mais sans doute pas moins que toutes celles assises sur des modèles compliqués et des myriades de données.

Pourquoi les prévisionnistes se trompent-ils autant ? Au-delà des biais psychologiques qui les poussent à accorder trop de validité à leurs intuitions, la raison se limite à une banalité : il est très difficile, en général, de prévoir l'avenir en dehors de choses parfaitement triviales (par exemple la température moyenne en décembre prochain sera inférieure à celle du mois d'août). Nassim Taleb, un ancien trader consacrant aujourd'hui des livres aux limites de nos capacités à connaître et prévoir l'avenir[3], illustre ce thème à travers l'exemple d'un poulet naissant dans un élevage. Pendant les trois premiers mois de sa vie, toutes ses expériences concourent à lui montrer que le fermier est un individu bienveillant, qui lui apporte quotidiennement une quantité de nourriture en croissance régulière. Pendant 90 jours, sur la base des informations dont il dispose, il peut construire un modèle décrivant et prévoyant fidèlement tous les bienfaits dont il bénéficie (chaque jour, 3 % de grain supplémentaire, etc.). Rien ne lui permet de prévoir ce qui arrive le 91ᵉ jour, lorsque la ration alimentaire est remplacée par un aller simple vers un lieu d'abattage et de conditionnement. C'est un écueil inévitable de la prévision : aucun élément passé dont on dispose ne permet de

3. N. Taleb, *The Black Swan : the impact of the highly improbable*, Random House, 2007.

prévoir l'occurrence d'un événement dans le futur qui ne s'est jamais encore produit. Tout modèle prédictif fondé sur les informations du passé est donc forcément limité.

À ce problème fondamental s'ajoute celui des informations disponibles et de la capacité de traitement de celles-ci. Les météorologues disposent d'informations étendues sur le passé immédiat et plus lointain, qui permettent de fournir des prévisions raisonnablement fiables à cinq jours ; à plus long terme, la quantité d'informations à traiter est telle qu'il leur devient impossible de faire des prévisions dignes d'intérêt. Pour des prévisionnistes économiques, rien de tel : l'essentiel des données est inconnu sur le moment et n'est identifié que bien après les événements. Ainsi, les informations sur les entreprises, sur le chômage, ne sont synthétisées que très tard, et doivent être recoupées, traitées et homogénéisées. Ceci explique pourquoi les statistiques macroéconomiques sont corrigées, y compris après des années.

Par ailleurs, les données macroéconomiques sont plus subjectives que les données physiques. Il y a cinq ans, un téléphone portable vendu 100 € avec abonnement comprenait un écran en noir et blanc, pouvait stocker une centaine de numéros en mémoire et était relativement volumineux ; un téléphone vendu le même prix aujourd'hui dispose d'un écran couleur, permet de stocker en plus de plusieurs centaines de numéros de téléphone une centaine de morceaux de musique, et d'accéder à Internet. Comment mesurer le gain en pouvoir d'achat des consommateurs (et donc leur enrichissement) avec des produits évoluant aussi vite ? Il existe des méthodes pour cela, mais elles reposent sur une part de convention et d'évaluation subjective des comptables nationaux. Mais dès lors que l'évaluation des changements de prix repose sur des conventions, la croissance économique elle aussi repose sur de telles conventions. Cette subjectivité des données elles-mêmes rend la prévision d'autant plus difficile.

Enfin, les données physiques ne réagissent pas aux prévisions ; les nuages ne décident pas de changer de direction pour duper les météorologues. Les données économiques futures, par contre, dépendent des comportements individuels, et ceux-ci sont modifiés par l'annonce de prévisions. Supposons par exemple que des spécialistes du marché immobilier annoncent une baisse des prix du logement pour l'année prochaine ; s'ils sont écoutés et crus, des acheteurs de logements pourront décider de retarder leur achat pour profiter des baisses à venir ; dans le même temps, des vendeurs potentiels pourront décider d'anticiper leur vente pour ne pas subir cette baisse. Dès lors, la prévision, en changeant le comportement des acheteurs et des vendeurs, peut précipiter la baisse qui n'aura plus lieu l'année prochaine, mais tout de suite. Le fait que les individus modifient leur comportement suite à la prévision et à cause de celle-ci réduit encore plus la capacité des prévisionnistes à déterminer l'avenir.

En somme, il existe toute une série de bonnes raisons pour que les économistes se trompent dans leurs prévisions. Et ils sont largement conscients du problème. S'ils produisent des prévisions, c'est pour une raison simple : c'est parce qu'on les leur demande. La vraie question est donc la suivante : pourquoi les gens attachent-ils autant d'importance aux prévisions ?

Pour le comprendre, nous avons besoin d'utiliser une analyse théorique que nous avons déjà rencontrée[4], la théorie du signal. Dans un monde où l'information est imparfaite, une énergie considérable est consacrée à essayer d'identifier les caractéristiques des autres, organisations ou

4. Voir le Chapitre 4.

individus. Par exemple, lorsqu'on dépose son argent dans une banque, on espère que celle-ci ne va pas fermer boutique le lendemain, emportant toutes nos économies, de la même façon qu'avant de recruter un salarié, l'employeur cherche à savoir s'il est digne de confiance. Pour obtenir ces informations, chacun va développer des stratégies visant à exposer ses qualités tout en dissimulant ses défauts, mais aussi à identifier les qualités des autres.

La théorie du signal nous permet de comprendre pourquoi tant de banques emploient des économistes prévisionnistes, alors que les prévisions en elles-mêmes n'ont guère d'utilité pratique. Elles bénéficient d'une publicité gratuite lorsque leur équipe d'économistes publie une prévision donnant lieu à l'interview de leurs experts. Elles indiquent par là même à leurs clients qu'elles se préoccupent de l'avenir et qu'elles comptent dans leur personnel des gens importants et compétents (ils le sont sûrement, puisqu'on parle d'eux dans les journaux). C'est une façon pour elles d'émettre un signal rassurant ciblé sur la clientèle qu'elles cherchent à atteindre.

De la même façon, les organisations internationales publient des prévisions économiques pour envoyer des signaux aux gouvernements qui les financent. Une prévision de croissance réduite constitue ainsi un avertissement aux autorités du pays.

Pour un gouvernement, publier régulièrement des prévisions est une façon de signaler que l'administration et les dirigeants sont fermement aux commandes. Pour le dirigeant politique, cela constitue même une façon implicite de prendre un engagement auprès des électeurs. Si jamais au bout du compte la prévision est largement invalidée, sa gestion pourra être mise en cause. Il ne manquera pas de prétextes pour se justifier, par exemple la conjoncture internationale, devenue brutalement défavorable, ou l'action des dirigeants précédents dont il a bien fallu corriger l'incurie. Néanmoins, toutes les discussions sur les prévisions économiques sont finalement l'occasion d'un débat sur la qualité du travail du pouvoir. Et il n'y en a pas tant d'autres.

On pourrait bien sûr imaginer d'autres formes de « signaux ». Mais il semble que prévoir l'avenir, bien que ce soit fondamentalement impossible, constitue un besoin de l'esprit humain. Le psychologue américain Daniel Gilbert montre ainsi que l'une des caractéristiques distinguant l'homme de toutes les autres espèces animales est sa propension à penser à l'avenir[5] – et à construire de nombreuses illusions sur celui-ci. Nous semblons avoir un besoin irrépressible d'envisager le futur et de chercher à le contrôler – le plus souvent sans succès. Car, malheureusement pour nous, l'avenir est pour l'essentiel imprévisible et dépend de facteurs largement hors de notre contrôle. C'est à ce besoin que répond notre fascination pour les prévisions et les prévisionnistes, même si chacun, confusément, sait que les experts ne peuvent lire dans leur boule de cristal. Nous avons besoin de nous rassurer et de penser que, quelque part, certaines personnes connaissent l'avenir.

Alors, lorsque sa belle-mère lui demande : « le dollar va-t-il continuer à dégringoler ? Et comment vont évoluer les prix de l'immobilier ? », l'économiste soucieux d'honnêteté intellectuelle devrait reconnaître son impuissance à répondre. Mais peut-on lui reprocher de profiter des rares occasions de briller auprès de sa belle-famille ?

5. D. Gilbert, *Stumbling on Happiness*, Random House, 2006.

7

Le réchauffement climatique, ça va durer

> *« The {Stern} Review's radical revision of the economics of climate change does not arise from any new economics, science, or modelling. {…} The Review's unambiguous conclusions about the need for extreme immediate action will not survive the substitution of assumptions that are more consistent with today's marketplace real interest and savings rates. »*
>
> William NORDHAUS

Transmettrons-nous notre planète propre et bien rangée aux générations futures ? Rien n'est moins sûr. Est-ce grave ou honteux ? Bien malin qui peut le dire. Mais si nous décidons de le faire, l'analyse économique donne-t-elle des clés pour calibrer nos choix et retenir des outils efficaces ?

Préparez maillots, crème solaire et bouées de sauvetage

Les données élémentaires du réchauffement climatique sont connues. Les émissions de gaz à effet de serre sont à l'origine d'un réchauffement climatique dont les conséquences se feront sentir à l'horizon d'un demi-siècle. Dans l'hypothèse où rien ne serait fait pour contrecarrer le phénomène, on doit s'attendre à une hausse des températures terrestres de l'ordre de deux à cinq degrés. Certains scénarios pessimistes, incluant des effets cumulatifs (en réaction au réchauffement, l'écosystème produirait encore plus de gaz), rendent même plausible une élévation des températures à deux chiffres. Or, selon le Giec (Groupe intergouvernemental sur l'évolution du climat), le seuil de deux degrés est critique pour les conditions de vie humaine.

Depuis dix ans, la hausse des émissions de gaz à effet de serre se fait sur un rythme de 30 % supérieur à ce qu'il a été en moyenne au cours des quarante dernières années. Autant dire que la situation ne va pas s'améliorer d'elle-même !

L'essentiel des gaz à effet de serre accumulés dans l'atmosphère résulte de l'activité économique des pays riches depuis deux siècles. L'avenir sera en revanche marqué par la part prépondérante des pays en développement dans l'alimentation du processus. On prévoit une hausse de la demande d'énergie de 50 % d'ici à 2030, dont les deux tiers seront imputables aux pays du Sud, Chine et Inde en tête (45 %). Au total, c'est une hausse des émissions de près de 60 % qu'il faut attendre si aucun changement n'intervient. Or, pour éviter de franchir le seuil critique de deux degrés évoqué par le Giec, il faudrait réduire à long terme de 80 % les émissions, dont 30 % avant 2020.

Quelles conséquences concrètes attendre du réchauffement ? Du bon et du mauvais. Au rayon des bonnes nouvelles, certaines productions agricoles nécessitant un climat plus chaud pourraient être réalisées là où elles sont encore impensables. Autre retombée positive, la baisse moyenne des coûts de chauffage. La liste des désagréments est plus longue. Côté matériel tout d'abord : il faut s'attendre à une augmentation des dépenses de climatisation et à des sécheresses récurrentes dans certaines régions, dont l'agriculture sera sinistrée. La montée des eaux consécutive à la fonte des glaces aux pôles sera aussi à l'origine de la disparition de terres, alors que la sécheresse rendra l'approvisionnement en eau plus difficile, voire impossible dans certains endroits. D'un point de vue biologique et médical, on peut redouter le développement de maladies tropicales, la disparition d'espèces animales ou la hausse des décès liés à la canicule. Pour couronner le tout, la probable exacerbation des phénomènes climatiques extrêmes, tels que les ouragans, pourrait être à l'origine de pertes humaines et matérielles considérables.

L'analyse économique semble formelle : quelles que soient les mesures prises, les coûts plausibles l'emporteraient sur les gains. Dans un scénario de réduction active des émissions, on chiffre à 1 % du PIB mondial les pertes nettes annuelles dues à la lutte contre le réchauffement à l'horizon 2100. À politiques inchangées, cette perte se situerait dans une fourchette de 5 à 20 % du PIB mondial annuel (évaluations du rapport Stern, réalisé à la demande de Tony Blair, et publié en 2006). Mais ces chiffres ne constituent qu'un résultat global : les conséquences estimées seraient de trois à quatre fois supérieures dans les pays du Sud, en raison d'une exposition climatique, matérielle, économique et sanitaire plus importante qu'au Nord.

Dans l'absolu, un individu immortel militerait donc pour une politique de réduction des émissions de gaz à effet de serre. *A fortiori*, s'il vit dans l'hémisphère Sud.

Des êtres chers que nous ne verrons jamais

La bonne recherche et les bonnes intentions ne suffisent pas

Ces évaluations sont le fruit de travaux sérieux. À l'instar du rapport Stern, un nombre important de recherches ont été réalisées au cours des dernières années. Néanmoins, à l'impossible, nul n'est tenu. L'impossible, en l'occurrence, n'est pas de faire tourner un modèle dont tous les paramètres sont parfaitement connus. Il est de disposer de tous les paramètres. Or, tant du point de vue scientifique que du point de vue humain ou technologique, les zones d'ombre persistent. Les scientifiques ont bâti un consensus sur l'existence d'un réchauffement climatique consécutif à l'activité humaine. Mais son ampleur reste incertaine, d'où des écarts importants entre les scénarios les plus pessimistes et les plus optimistes. Savoir comment évolueront les technologies ou quels seront les choix individuels et collectifs face au problème relève ainsi de l'impossible.

Car le choix de réduire les émissions de gaz à effet de serre aujourd'hui pour préserver le bien-être des humains en 2100 ou 2200 ne va pas de soi. S'il est réconfortant pour beaucoup qu'Al Gore et le Giec aient été récompensés du prix Nobel de la paix en 2007, leur réussite reste, du point de vue politique, un simple succès d'estime, émouvant mais inopérant en l'état.

Aime ton prochain comme toi-même (jusqu'à la fin du monde)

En 1993, l'économiste William Nordhaus écrivait que : « Compte tenu des coûts élevés liés au contrôle [des émissions de gaz à effet de serre] et l'impact modeste de 1 à 3 degrés du réchauffement sur le prochain demi-siècle, quelle place le réchauffement climatique peut-il prendre dans l'agenda international qui inclut une explosion de la population au Sud, la prolifération nucléaire au Moyen-Orient, l'effondrement des économies en Europe de l'Est, des cycles croissants de pauvreté et de consommation de drogue associés à une stagnation des revenus en Occident, ainsi que des montées de violence et autres guerres civiles à peu près partout dans le monde ? » Le qualificatif de « modeste » utilisé pour caractériser les effets du changement climatique peut laisser dubitatif. Reste que la question cerne parfaitement le problème économique de la gestion du climat : pour le combattre, il faut mobiliser des ressources qui ne seront plus disponibles pour d'autres usages.

Combien sommes-nous prêts à donner aujourd'hui pour qu'en 2100 la Terre, que nous ne fréquenterons plus pour la plupart d'entre nous, reste un endroit sympathique ? Une vision morale du problème incite à répondre « beaucoup ». John Kay ironise sur cette vision des choses[1]. Il lui oppose la vision *groucho-marxiste* du problème : la seule chose que nous devons aux générations futures, c'est de leur vendre nos actifs quand nous partons à la retraite. Entre cette approche, exempte de toute considération altruiste, et celle qui consiste à affirmer que le bonheur des êtres humains qui vivront pendant les siècles à venir doit être préservé de la même façon que le nôtre, laquelle sera retenue ? Sans doute se situera-t-on entre les deux. Mais où poser le curseur ?

De quoi dépend le poids que nous donnons aux générations futures dans nos comportements présents ? De ce que nous savons sur ce que sera leur vie. Seront-elles bien plus riches que nous ? Dans ce cas, pourquoi payer à leur

1. John Kay, « Climate change : the (Groucho) Marxist approach », *Financial Times*, 27 novembre 2007.

place ? Existeront-elles, tout simplement ? Plus l'horizon retenu est lointain, plus la probabilité que l'humanité ait disparu est élevée (par exemple, la probabilité qu'un astéroïde détruise la Terre avant 2100 est plus élevée que la probabilité du même événement avant 2010). Si nous devons prendre des décisions aujourd'hui sur la base de toutes les générations futures (ce qui est bien le problème posé), alors ce genre d'incertitude cause un sérieux souci à l'heure de choisir une politique pour l'environnement. D'autant que les limites de la connaissance scientifique sur le sujet amènent à reconnaître que, même en valorisant fortement le bien-être des générations futures, notre choix sera mauvais si nos prévisions se révèlent fausses. Le risque de payer trop ou pas assez est réel.

L'intensité des mesures à prendre aujourd'hui pour équilibrer dans le temps les coûts et bénéfices est déterminée par un taux dit d'« actualisation ». Celui-ci traduit en chiffre le poids à donner au bien-être des générations successives. Plus le taux est élevé, plus on considère que réduire le bien-être aujourd'hui pour l'accroître demain est coûteux. Et moins les efforts actuels pour améliorer le sort des générations futures doivent être intenses. Si l'on utilise au contraire un taux d'actualisation nul, alors les coûts et bénéfices de toutes les générations comptent exactement autant que les nôtres dans le calcul. Hors du taux zéro, le poids d'une génération future est exponentiellement décroissant avec son éloignement dans le temps. Autrement dit, un écart de quelques points sur le taux d'actualisation retenu peut donner des résultats opposés, ou du moins très différents, sur ce qu'il convient de faire. Deux études importantes menées dans les années 1990, celle de William Nordhaus et celle de William Cline, aboutissaient ainsi à des préconisations inverses : pendant que Nordhaus suggérait une réduction mineure des émissions,

Cline penchait pour une baisse drastique et immédiate. Leur méthode était la même : comparer les coûts et bénéfices actualisés. Mais Nordhaus retenait un taux d'actualisation de 5-6 % contre 1,5 % pour Cline.

Le rapport Stern n'est pas la bible attendue

Aujourd'hui, le rapport Stern penche indubitablement du côté de Cline. Le taux d'actualisation est proche de zéro (0,1 %, quand Nordhaus retient près de 3 % dans ses récents travaux). Ce choix explicite du rapport retient un critère de justice sociale qui n'accepte qu'un motif d'actualisation, la possibilité de la disparition de l'espèce humaine.

Quel taux d'actualisation choisiriez-vous ? Considérez-vous, comme le rapport Stern, que les générations futures – toutes, pas seulement celle de vos enfants ou petits-enfants – doivent être traitées à 100 % comme la vôtre ? 99 % ? 90 % ? Bien sûr, plus vous vous rapprocherez de 100 % et plus vous devrez faire une croix sur certains aspects de votre confort de vie. Êtes-vous prêt à réduire le niveau de vie de vos enfants pour préserver celui de vos arrière arrière arrière-petits-enfants ? Voterez-vous pour un candidat qui promettra de sauver l'humanité d'une fin aussi lointaine qu'inéluctable, au prix d'un renoncement conséquent à de nombreux aspects de votre bien-être matériel ? On peut, qu'on le regrette ou non, légitimement douter qu'une majorité se dégage autour d'un tel programme, tant les changements de comportement induits sont énormes.

Nordhaus[2] résume le problème de la façon suivante. Si l'on s'en tient aux hypothèses du rapport Stern, atteindre

2. William Nordhaus, « A Review of the Stern Review on the Economics of Global Warming », 2007, publication à venir, *Journal of Economic Literature*.

les objectifs fixés nécessiterait, suite à la réduction de la consommation induite, une augmentation du taux d'épargne des générations présentes totalement impensable : un taux proche de 100 %. À ses yeux, le rapport se caractérise par deux traits. C'est, d'une part, une recherche exemplaire quant à la méthodologie utilisée, que personne ne conteste sérieusement. C'est, d'autre part, un modèle de construction politique, en ce sens que les hypothèses retenues sont parfaitement adaptées aux conclusions visées par le gouvernement britannique, à l'origine de ce rapport. Toute déviation, même légère, de ces hypothèses conduit à sérieusement modifier les préconisations[3].

L'enfer, ce n'est pas nous

Rassurez-vous, cependant. Il y a pire que votre égoïsme : celui des autres. Le climat est un bien public. Les émissions de gaz à effet de serre de nos voisins sont aussi notre réchauffement climatique. Telle est la magie des « externalités ». À l'heure actuelle, les plus gros émetteurs de gaz à effet de serre ne compensent pas l'impact de leur activité, ni sur leurs contemporains ni sur les générations futures. La tentation est alors forte de se comporter comme le « passager clandestin » d'un bateau, qui profite du voyage sans payer son billet, et de chercher à faire peser sur les autres la charge de la réduction des émissions. Tel est l'objet des négociations entre pays, pour savoir qui doit réduire le plus ses émissions. Car chacun détient des arguments valables et personne ne se sent proprement

3. Un aspect qui n'est pas explicitement mentionné ici concerne le traitement du poids des individus d'une même génération. Le rapport Stern adopte une hypothèse qui autorise de vastes inégalités de bien-être à l'intérieur d'une même génération. Ce qui n'est pas sans conséquences sur les résultats et contraste avec l'impératif égalitariste entre générations.

responsable de ce qui adviendra. Les pays développés estiment que les pays en développement seront la source la plus importante de croissance des émissions. Et ceux-ci répondent que nous sommes responsables du stock existant. Comment établir dans ces conditions un effort indiscutable et spécifique à chacun ? La conférence de Bali sur le climat (2007), dont on ne retiendra probablement que les larmes versées par le secrétaire général de l'Onu, Ban Ki-Moon, confronté à l'échec de la négociation, a montré que l'affaire est loin d'être évidente. Les pays en développement seront les plus touchés par le réchauffement global, ce qui incite plutôt les pays riches à un moindre effort. Dans le même temps, et pour les mêmes raisons qui font que les pays riches ne sont pas forcément prêts à renoncer à leur niveau de vie pour le compte des générations futures, le Sud peut être tenté de payer le développement par le réchauffement climatique.

INSTRUMENTS POUR ÉVITER LE GRAND BARBECUE PLANÉTAIRE

Si le problème du choix collectif se pose, les solutions techniques existent. Les experts s'entendent généralement sur un point : les instruments à mettre en place doivent combiner des stratégies de prévention et d'adaptation. Ce qui signifie que nous devrons à la fois limiter l'ampleur du phénomène et trouver des moyens de le supporter.

La prévention repose sur la réduction des émissions par une baisse de l'activité ou un basculement vers des technologies plus économes en énergie. L'amélioration des procédés d'absorption des gaz, par le biais par exemple de la reforestation ou l'enfouissement des gaz *via* les puits de CO_2, va également dans ce sens.

Du côté de l'adaptation, on peut citer la construction de digues ou la redéfinition des spécialisations agricoles.

À ce stade, il s'agit d'opter pour les meilleurs instruments dans la batterie d'outils disponibles. Les économistes considèrent que la démarche doit reposer sur la création d'incitations en direction des acteurs des marchés. Fiscalité, marchés de droits à polluer, subventions, création de standard, recherche et développement et transferts technologiques sont susceptibles de fournir de telles incitations.

Tu pollues, tu paies

La fiscalité écologique repose sur le principe du pollueur-payeur. Il s'agit de taxer en fonction des volumes de gaz émis. Son but est d'accroître le coût d'usage des technologies les plus polluantes en incitant les agents économiques à optimiser leur consommation énergétique et donc à réduire au minimum leurs émissions. L'avantage de cette formule est de ne pas imposer un niveau absolu d'émissions, mais de les amener à chercher à éviter la taxe en faisant les meilleurs choix économiques. L'inconvénient de la solution réside dans le fait que pour être réellement incitative, elle doit être très élevée. Ce qui la rend *a priori* difficile à mettre en œuvre politiquement. Néanmoins, on peut neutraliser son effet sur la fiscalité globale en réduisant en parallèle d'autres prélèvements. Par ailleurs, l'amélioration de l'efficience énergétique qui doit en résulter représente un gain dont les industries taxées bénéficieront pleinement.

« Il est beau mon CO_2, il est beau ! »

La création d'un marché de droits à polluer est une procédure inspirée des travaux de Ronald Coase, Prix Nobel d'économie en 1991. Lorsqu'une ressource n'appartient à personne, elle est victime de surexploitation car personne n'a intérêt à la préserver seul. Le climat appartient à cette catégorie. Pour Coase, le moyen le plus efficace de résoudre cette « tragédie des biens communs » est de restaurer un droit de propriété privée sur la ressource. Le marché de droits à polluer a ainsi pour objectif de fixer *a priori* le niveau d'émission de gaz polluants tout en laissant les mécanismes de marché guider l'utilisation des volumes disponibles. Dans une logique coasienne, chaque acteur du marché dispose d'une dotation initiale en volume d'émission. Il peut soit l'utiliser, soit revendre ses excédents. L'atmosphère n'est plus un bien public : chaque tonne de CO_2 devient un actif dont le propriétaire peut faire l'usage qu'il juge le plus rentable. Une entreprise peut ainsi préférer investir dans une technologie économisant l'énergie et revendre ses droits à polluer pour financer l'investissement nécessaire, tout en dégageant un bénéfice net de l'opération. À l'opposé, certains acteurs, dont les besoins seront plus importants, se porteront acquéreurs des excédents ainsi dégagés. L'allocation initiale des permis se fait au niveau international et national, après négociation. Les transactions peuvent se réaliser à l'intérieur des zones ou entre zones, l'essentiel étant que le volume global d'émission ne dépasse pas l'objectif fixé. Ce dispositif, qui a été retenu lors de l'accord de Kyoto en 1997, présente encore une fois l'avantage de laisser les agents prendre les décisions les plus conformes à leur intérêt, tout en recherchant l'objectif collectif de réduction des émissions. Ses limites tiennent dans la définition consensuelle du volume d'émission global et des quotas attribués à chaque acteur à l'ouverture du marché.

Carottes écolos

Subventionner les industriels ou les ménages qui procèdent à des investissements dans des « technologies propres » est un moyen de favoriser le développement de celles qui peuvent présenter une alternative crédible aux énergies fossiles. En amenant ces marchés à un volume de production suffisant, une telle politique peut se révéler payante.

Dans le même ordre d'idées, un effort public en direction des activités de recherche et développement visant à produire des technologies propres est envisageable, que ce soit sous la forme de programmes de recherche publique ou d'aménagements fiscaux en faveur de leurs promoteurs. En accélérant l'émergence de nouvelles technologies, de tels dispositifs peuvent jouer un rôle.

La promotion de standards énergétiquement efficients dans la production des équipements industriels et de transport peut avoir un effet environnemental positif sur l'ensemble des activités qui les utilisent, en diffusant de bonnes pratiques, à moindre coût.

Enfin, comme le souligne le rapport Stern, si les pays en développement sont peu enclins à réduire d'eux-mêmes leurs émissions, les soutenir dans l'adoption de technologies moins polluantes serait utile. Dans cette perspective, une politique active de transfert de technologies présente l'avantage d'être relativement peu coûteuse et, surtout, rapide. De telles pratiques existent déjà au travers de projets conduits par des institutions internationales telles que la Banque mondiale.

Conclusion : on n'est pas rendu...

Si les outils de réduction des émissions de gaz existent, la détermination des objectifs à atteindre bute sur de redoutables écueils. Les incertitudes concernant l'évaluation des coûts futurs du réchauffement climatique sont irréductibles. De petites variations dans les données du problème modifient radicalement les réponses à apporter en matière de politiques publiques. De même, des changements d'appréciation relativement mineurs dans les critères de justice sociale à retenir conduisent sur des sentiers fort éloignés. Même dans un scénario consensuel, les difficultés de la négociation internationale ne sont pas le moindre des problèmes. Au total, l'analyse économique peine à donner un guide de sauvetage du monde. Reste la politique, entre volontarisme et catastrophisme. On n'est pas rendu...

8

Voter, quelle étrange idée…

> *« The strongest argument against democracy is a five minute discussion with the average voter. »*
>
> Winston CHURCHILL

ALLER VOTER N'EST PAS RATIONNEL

S'il est un sujet où les économistes peuvent être suspectés de véhiculer des idées antidémocratiques, c'est bien sur la question du vote. Voter constitue *a priori* pour eux un acte étrange. Coûteux et sans bénéfice palpable, il s'agirait typiquement d'un acte irrationnel.

Pourquoi aller voter, en effet ? Cela fait à coup sûr perdre un précieux temps dominical. Et cela pour un gain très hypothétique : quelle est la probabilité que notre candidat gagne justement grâce à nous ? Très faible, en général, y compris lors des scrutins de petite ampleur. Moralité : la probabilité que voter apporte un gain net positif est quasi nulle. Autant jouer au Loto. Mais si tout le monde faisait comme ça… il n'y aurait plus d'élections. Cependant, la plupart des électeurs se rendent aux urnes, aussi absurde que cela semble : c'est le « paradoxe du vote ». Comment l'expliquer ? Après tout, puisqu'il existe des gens pour jouer au Loto, pourquoi n'existerait-il pas des électeurs ? Le coût du vote reste finalement assez faible. Voter représente aussi une façon comme une autre d'occuper son dimanche, si l'on y trouve un côté ludique ou intrinsèquement agréable (rencontrer des gens au bureau de vote et finir à l'apéro). L'intérêt peut aussi être stratégique : si l'on souhaite une victoire la plus large possible de son camp (ou une défaite plus courte), toute voix compte. La pression sociale joue également un rôle : voter apporte une certaine paix, qu'elle soit intérieure (par la satisfaction de se conformer à certaines valeurs) ou sociale (ne pas faire apparaître un comportement antisocial). Et de fait, étonnamment, la possibilité de se prononcer par courrier – qui simplifie pourtant l'acte électoral – semble réduire le taux de participation aux élections suisses[1]. Car cette facilité relâche la pression des normes sociales sur les individus : qui vérifiera que vous avez posté votre bulletin ?

Mais si les électeurs se déplacent, c'est aussi par altruisme : plus l'électeur est motivé par le bien-être de sa communauté ou de son pays, et non par son seul intérêt égoïste, et plus il retire de satisfaction de son acte. Car s'il réussit à faire basculer le scrutin, il se réjouira non seulement pour lui-même, mais aussi pour tous ses concitoyens. Cette explication, avancée par Aaron Edlin, Andrew Gelman et Noah Kaplan[2], semble confirmée par l'observation des taux de participation aux diverses élections.

1. Patricia Funk, « Modern Voting Tools, Social Incentives and Voter Turnout : Theory and Evidence », document de travail, Stockholm School of Economics, 2006.
2. « Voting As a Rational Choice : why and how people vote to improve the well-being of others », *NBER Working Paper*, n° 13562, 2007.

A priori, plus le scrutin est local, plus la chance d'être l'électeur « décisif », qui change le résultat du vote, est grande : le nombre de votants est plus faible. Pourtant, les élections plus importantes sont nettement plus mobilisatrices ! Mais faire basculer un scrutin de grande ampleur a une influence sur la vie de bien plus de personnes et se révèle donc bien plus gratifiant pour l'électeur.

Bien des économistes considèrent d'ailleurs que l'on ne peut pas assimiler l'électeur à un simple « homo economicus » rationnel et égoïste. Brian Caplan avance ainsi dans son ouvrage *The myth of the rational voter* qu'il n'est pas possible de déduire comment un électeur votera en étudiant simplement ses intérêts matériels. À partir de travaux empiriques, il estime au contraire qu'un électeur vote en fonction de ce qu'il pense être bon pour la société. Pas question pour autant de se réjouir : ceci n'implique nullement que les politiques choisies se révèlent bonnes pour la société, et notamment en matière économique. Visiblement, les électeurs peinent à apprécier correctement les faits et les promesses en la matière. Pas forcément parce qu'ils sont ignorants, comme l'avance l'explication classique. Selon Caplan, ces « mauvais » choix constituent plutôt la marque d'une irrationalité des électeurs, qui fondent leurs décisions sur des émotions plutôt que sur des raisonnements rationnels.

Faire des choix collectifs rationnels n'est pas possible

Une armée d'électeurs irrationnels ne pourrait donc pas faire émerger des choix rationnels. C'est ennuyeux, mais il y a pire que ça. Prenez des gens tout à fait rationnels et demandez-leur de voter pour faire émerger un choix collectif qui additionne leurs préférences de façon cohérente. Vous allez au-devant de grandes déconvenues ! C'est le message que Condorcet formalisa le premier, avant que Kenneth Arrow ne le confirme avec les outils de la science économique moderne, en formulant son « théorème d'impossibilité ».

Supposons que Mike, Cindy et John doivent élire un candidat parmi trois, selon une logique de tournoi où chacun des candidats est confronté successivement aux deux autres. Sont en lice Ron, Stella et Barbara. Chaque électeur classe les différents candidats. On a ainsi les classements suivants :

> Pour Mike : Ron > Stella > Barbara (Ron gagne contre Stella et contre Barbara, Stella gagne contre Barbara).
> Pour Cindy : Stella > Barbara > Ron (Stella gagne contre Barbara et contre Ron, Barbara gagne contre Ron).
> Pour John : Barbara > Ron > Stella (Barbara gagne contre Ron et contre Stella, Ron gagne contre Stella).

Si on vote à la majorité d'abord entre Ron et Stella, Ron l'emporte (deux voix de Mike et John contre une de Cindy). Si Stella et Barbara sont ensuite opposées, c'est Stella qui l'emporte. Enfin, si Ron et Barbara sont confrontés, le choix collectif se porte sur Barbara. Ainsi, sur un plan collectif, on dégage les préférences suivantes : Ron est préféré à Stella, qui est préférée à Barbara ; laquelle est préférée à Ron… Ce qui est incohérent. Si Ron bat Barbara et si Barbara bat Stella, il n'est pas logique que Stella batte Ron. Notre classement rend impossible le choix d'un candidat.

Un exemple aussi simple montre qu'un choix collectif incohérent peut se dégager d'une procédure de vote majoritaire où chaque électeur a pourtant des préférences claires. Arrow eut beau reformuler le problème en se demandant s'il existait une procédure respectueuse des droits et préférences des individus qui permette de sortir de ce paradoxe, il ne l'a pas trouvée.

En 1951, ce résultat eut l'effet d'une claque pour la recherche. Depuis, de nombreux travaux ont cherché à proposer des alternatives. Mais ce théorème d'impossibilité constitue toujours un écueil difficilement contournable à la définition d'une procédure de choix collectif indiscutable.

Comment gagner à toutes les élections

Olivier, François et Marine sont trois amis. Olivier a des idées politiques très à gauche. François est plutôt centriste et Marine se situe très à droite. Marine et Olivier ont beau avoir des conceptions politiques opposées, c'est à François qu'ils font la tête pendant le mois qui suit une élection. Car François gagne toujours l'élection. Ou, plus exactement, ce sont les candidats de François qui sortent à coup sûr vainqueurs des élections. Duncan Black et Anthony Downs ont fourni une explication simple à cette issue presque automatique : si chaque électeur préfère clairement un seul programme ou candidat parmi tous ceux qui lui sont proposés, alors c'est celui qui se situe le plus au centre qui remporte les élections. En effet, si Olivier n'a pas la possibilité de voter pour un candidat très à gauche, choisira-t-il le candidat de Marine ou celui de François ? Évidemment, celui de François. De la même façon, Marine retiendra ce candidat. Quels que soient les candidats en lice, celui le plus proche de François est donc assuré de gagner. François est ce que l'on appelle l'« électeur médian ». Il partage en deux le spectre des opinions politiques.

Ce « théorème de l'électeur médian » ne nous dit cependant pas quel candidat ou parti sera élu. Il faut tout d'abord connaître François, ses idées et ses attentes. Les candidats, de leur côté, chercheront à se rapprocher de François, en adaptant leur programme à ses attentes. Ce qui n'est pas forcément chose simple : François peut avoir des idées de droite sur l'économie et plus à gauche sur les questions de société. Mais parfois, les candidats en arrivent à défendre des programmes si proches que le scrutin bascule sur des détails.

La thèse de l'électeur médian permet de comprendre comment se forment les programmes politiques et pourquoi les politiques qui en découlent se révèlent éventuellement calamiteuses. Si François défend des idées absurdes et mal renseignées, rien ne s'oppose à ce qu'elles deviennent le cœur des politiques menées. Et de fait, certaines études accréditent l'idée que l'électeur médian dicte bien, au moins partiellement, les politiques de finances publiques ou d'ouverture aux échanges internationaux. Globalement pourtant, ce mécanisme ne fait que des déçus et, en se focalisant sur le « *chouchou* » médian, il risque de laisser de côté les intérêts des minorités. Ce qui est parfois dangereux : si gauche et droite se radicalisent, tandis que l'électeur médian – et donc le programme du parti emportant l'élection – conserve les mêmes préférences, les politiques se révéleront inadaptées pour apaiser le climat politique.

Si le théorème de l'électeur médian est valide, pourquoi tous les partis ne sont-ils pas centristes ? Car chaque parti s'adresse prioritairement à un électorat qui constitue son socle électoral. Se positionner trop systématiquement au centre, c'est risquer une volatilité importante de ses électeurs naturels. Cet élément joue un rôle important dans les scrutins à deux tours, comme l'élection présidentielle française. Au premier tour, il convient de se présenter selon une logique plutôt partisane, afin d'assurer sa présence au second tour en rassemblant les suffrages naturels de son parti.

Au second tour en revanche, les préférences de l'électeur médian deviennent le pivot de l'élection.

Économie politique et vote

Ce qui précède ne constitue qu'un très bref aperçu de la façon dont l'économie prend en compte les questions politiques. Il existe deux interactions entre économie et science politique. D'un côté, le « *Public Choice* » étudie les comportements des hommes politiques en leur appliquant la même grille d'analyse que celle des agents économiques. L'homme public n'est plus un « despote bienveillant » qui n'use de son pouvoir que pour le bien de tous, mais un individu qui maximise son bien-être, y compris par l'opportunisme ou le *lobbying*.

De l'autre côté, la « nouvelle économie politique » s'intéresse aux conséquences économiques des mécanismes de décision politique : comment le processus électoral influe sur la croissance ou le développement, la dette publique et le déficit budgétaire, la redistribution et les inégalités, l'indépendance des banques centrales ou encore les réformes du marché du travail[3].

---

3. Le nombre de travaux dans ce champ de recherche est très conséquent. Du côté des ouvrages généraux, on citera trois textes de niveau élevé : Allan Drazen, *Political Economy in Macroeconomics*, Princeton University Press, 2001 ; Torsten Persson et Guido Tabellini, *Political Economics*, MIT Press, 2002 ; *The Oxford Handbook of Political Economy*, Oxford University Press, 2006. En français, on pourra lire le peu technique *Combattre les inégalités et la pauvreté*, par Alberto Alesina et Edward Glaeser, aux éditions Flammarion, 2006.

Partie III

Plomber l'ambiance à l'apéro (voire au digestif)

9

Les Français sont nuls en économie

« The French have no monopoly on intellectual pretensions or on muddled thinking. They may not even be more likely than other people to combine the two. There is, however, something special about the way the French political class discusses economics. In no other advanced country is the elite so willing to let fine phrases overrule hard thinking, to reject the lessons of experience in favor of delusions of grandeur. »

P. KRUGMAN

Le 9 avril 2006, un article de l'*International Herald Tribune* intitulé « Economics, french-style » exposait une cause originale aux problèmes économiques français : les Français, dans l'ensemble, sont nuls en économie. Quelques mois plus tard, le problème était traité par le ministre de l'Économie du moment d'une façon typiquement nationale : en y consacrant une commission, appelée Codice (conseil pour la diffusion de la culture économique), dont les membres étaient chargés de corriger cet épineux problème. Il fallait donc que l'affaire soit sérieuse : les Français sont-ils vraiment si nuls que cela en économie, au point d'en faire l'objet d'un conseil financé par les deniers publics ? Et si c'est vrai, est-ce vraiment si grave ?

L'article fournissait une explication à cette ignorance nationale : l'enseignement de l'économie, au lycée et dans les écoles de formation des hauts fonctionnaires, exposerait une vision surannée de l'économie, reproduisant trente ans plus tard la vision hydraulique de la macroéconomie des années 1970, et entièrement focalisée sur l'idée marxiste d'un conflit perpétuel entre travail et capital. Les sondages accompagnant l'article, et servant de référence lors de la création du Codice, montraient, eux, des Français majoritairement ignorants de la valeur et de la signification de données macroéconomiques de base (chômage, PIB, dette publique, etc.). Mal formés et ignorants en économie, voilà le triste tableau des Français qui était dépeint.

Le tableau est-il vraiment aussi sinistre que cela ? Oui, les Français sont effectivement nuls en économie. Et, loin d'être limité à la population moyenne, le problème touche tout le monde, et particulièrement les élites administratives et intellectuelles. Dans un éditorial au vitriol consacré à la façon dont étaient traitées les questions économiques en France, l'économiste P. Krugman déclarait, il y a une dizaine d'années, « qu'il y a quelque chose de spécial dans la façon dont la classe politique française discute de questions économiques. Dans aucun autre pays développé, on ne trouve une élite aussi désireuse de laisser les belles phrases l'emporter sur le raisonnement, de rejeter les leçons de l'expérience au profit d'illusions de grandeur ». Et l'auteur de rappeler l'arrogance de fonctionnaires lui expliquant, en 1981, comment la relance économique du gouvernement de l'époque était « sans précédent dans l'histoire » et promettait d'être un grand succès, contrairement à ce que prévoyaient les économistes bornés, qui voyaient là surtout la recette d'une gigantesque crise de balance des paiements (laquelle devait se produire quelques mois plus tard). À la même époque, le président français était interviewé dans une bibliothèque. L'un des journalistes lui demanda s'il y avait un livre d'économie dans les rayonnages ; sans même se retourner, avec un grand sourire, le président répondit « non », comme s'il s'agissait d'une évidence. Les présidents français n'ont que très rarement eu beaucoup de respect pour l'économie et les économistes.

La classe politique n'est pas la seule concernée. Pour bien des intellectuels, le raisonnement économique n'est que l'expression d'une opinion sur la société, souvent subordonnée à un programme politique, et non pas une analyse scientifique. Cette idée repose elle-même sur l'idée d'une séparation épistémologique fondamentale entre d'un côté les sciences « dures » naturelles, objectives par essence, et les sciences humaines, « molles », soumises à la subjectivité des chercheurs. Du coup, l'objectivité, en matière économique, consiste seulement dans le fait d'interroger une personne de droite et une personne de gauche. Dans cette perspective, ce qui compte chez l'économiste, c'est qu'il tienne un discours convaincant, qu'il puisse se targuer de ses diplômes et de sa notoriété pour imposer ses opinions par des arguments d'autorité, beaucoup plus que par la véracité de son propos. De ce fait, lorsque l'avis de l'économiste pourrait servir à nourrir un débat plus général, il n'est pas convoqué : pire même, il est totalement ignoré. Quelques exemples permettent d'illustrer cette négligence :

L'immigration. Il est étonnant de constater à quel point les effets économiques de l'immigration, qui constituent pourtant un enjeu important, sont souvent présentés de façon elliptique, sous forme d'idées générales qu'on ne prend que rarement la peine de vérifier. Les uns disent que l'immigration exerce une pression à la baisse sur les bas salaires, qu'elle génère des coûts pour les systèmes sociaux, d'autres qu'au contraire elle est nécessaire à l'équilibrage des comptes sociaux et que les emplois occupés par les migrants sont plus complémentaires que substituables aux emplois occupés par des nationaux « de souche ». Personne ne prend la peine d'aller vérifier ce que disent les données ; et lorsqu'elles existent, elles ne participent que de façon marginale au débat sur la définition des politiques migratoires.

La législation sur les stupéfiants. Là encore, le débat est vif mais totalement déconnecté de la moindre analyse des faits. Une légalisation de la consommation de cannabis augmenterait-elle la consommation ? Dans quelle mesure ? Quel serait l'effet d'une légalisation limitée de la commercialisation de ce produit sur la demande ? Quelle est l'ampleur réelle de l'économie parallèle de commercialisation, et en quoi serait-elle touchée par une légalisation partielle ? La distribution de seringues pour les toxicomanes augmente-t-elle leur nombre ou les pratiques risquées ? Là encore, il semble que personne ne soit particulièrement intéressé par une réponse claire à ces questions. Il existe des études économiques sur ces sujets, bien évidemment limitées, mais qui ne semblent jamais particulièrement ni demandées ni consultées.

Ce n'est pas le moindre des paradoxes, la politique budgétaire. Le débat se focalise en général sur le déficit ou l'endettement public, alors que d'un strict point de vue économique, c'est la dépense publique qui est déterminante, son mode de financement (impôt ou dette) étant une question secondaire. Des gouvernements prennent l'engagement solennel de ramener le déficit public à zéro (un candidat à l'élection présidentielle de 2007 voulait même inscrire cet engagement dans la Constitution), sans que personne ne se demande si un déficit nul est

une bonne ou une mauvaise chose. En Europe, les « critères de convergence » ont été fixés – si l'on en croit l'anecdote, par le Premier ministre français de l'époque, qui s'était contenté de se référer au « pire » atteint par la France en 1983 – sans qu'il soit possible d'avancer un raisonnement économique expliquant pourquoi un niveau de déficit public de 3 % du PIB était satisfaisant.
Lors de la campagne présidentielle de 2007, la question économique a été abordée sous l'angle du « chiffrage des programmes » ; un institut a souhaité faire appel à des experts pour mesurer le coût des mesures proposées par les différents candidats, afin d'évaluer le plus « économe ». Très vite, cette discussion a dévié dans deux directions : les candidats qui contestaient les estimations fournies – elles-mêmes sujettes à une marge d'erreur significative –, et un concours de celui qui proposerait les mesures « les moins coûteuses » pour le budget de l'État. Or un tel critère est dépourvu de sens : le coût d'une mesure (à supposer que son coût budgétaire soit une mesure de son coût économique) doit être comparé à son efficacité ; celle-ci, pourtant, n'a jamais été discutée. La première mesure économique du président nouvellement élu, une loi réduisant considérablement les droits de succession et détaxant les heures supplémentaires, n'a été discutée que parce qu'il s'agissait de savoir si c'était, ou non, un « cadeau pour les riches » : l'effet réel de ces mesures, lui non plus, n'a jamais vraiment fait l'objet d'un débat. L'année précédente, l'idée de mettre en place un contrat spécifique pour les jeunes lors de leur première embauche (le CPE) n'a jamais fait l'objet d'une évaluation solide en termes de coûts et d'avantages. La discussion a porté sur des grandes questions idéologiques : pour les uns, il s'agissait de faire sombrer les jeunes dans la précarité la plus noire, pour les autres, de libéraliser le

marché du travail pour enfin lutter contre l'exception française du chômage de masse. Nouvellement élu, le président Sarkozy a confié à un aréopage de journalistes et d'experts divers la mission de faire une série de propositions pour accroître le potentiel de croissance de l'économie française : cela a accouché d'un rapport, le rapport Attali (président de la commission), indiquant plus de 300 mesures à mettre en œuvre de façon impérieuse. Nulle part dans le rapport ne se trouvait la trace de ce qui aurait pourtant dû en constituer la base : combien coûtent ces mesures, et quels avantages peut-on en attendre ? L'aspect économique au sens strict – la question des coûts, la question de l'efficacité – était totalement ignoré. L'enseignement de l'économie au lycée donne lieu à de perpétuelles querelles idéologiques : les uns défendent l'enseignement des sciences économiques et sociales tel qu'il se pratique actuellement, visant à « enseigner la société », tandis que d'autres lui reprochent d'être excessivement idéologique et de donner aux jeunes une vision négative de l'économie de marché et de l'entreprise. Les programmes de lycée, pourtant, ne diffèrent guère des programmes d'autres matières : ils sont trop longs, à la fois exagérément ambitieux dans leurs objectifs et excessivement timorés dans leurs moyens, ennuyeux à force d'être descriptifs. Entreprise de conversion des élèves à l'agit-prop anticapitaliste, certainement pas.

On pourrait multiplier les exemples, qui ne font que traduire la façon dont les questions économiques sont considérées en France : comme l'occasion de foires d'empoigne idéologiques, dans lesquelles les faits et la réalité n'intéressent au fond personne.

Paradoxalement, pourtant, les moyens employés pour corriger ce travers national tendent à y contribuer. Pour justifier la création du Codice, le ministère de l'Économie avait ainsi constitué un dossier de presse contenant un sondage dans lequel on avait interrogé les Français, tout particulièrement les jeunes, sur différentes questions économiques et sur la valeur de quelques grandeurs macroéconomiques : sans surprise, le résultat était assez médiocre. 43 % des Français situaient le taux de chômage entre 9 et 10 %, 40 % le situaient au-dessus (le taux de chômage calculé par l'Insee était à l'époque de l'ordre de 8,5 %). 20 % connaissaient le niveau de la dette publique (un peu plus de 60 % du PIB), et 45 % n'en avaient aucune idée. Un tiers des personnes interrogées connaissait le taux de croissance français de l'année précédente (en le situant entre 1 et 2 %), et un tiers ne le savait pas.

Quelle importance ? Connaître la réponse à ces questions ne traduit en aucun cas une quelconque culture économique. En revanche, les poser constitue un signe avancé d'inculture économique. Qu'est-ce que le taux de croissance ? À quoi correspond-il ? Comment est-il calculé ? Le chiffre demandé est-il par habitant, en termes réels, en parité de pouvoir d'achat ? Selon le cas, il sera amené à considérablement varier (sans compter le caractère conventionnel de la notion de PIB et les limites de ce concept). L'interprétation des réponses sur la dette publique dans le sondage était d'ailleurs assez comique. Les sondeurs ont compté comme bonnes réponses des chiffres variant du simple au double, soit entre 1 000 et 2 000 milliards d'euros ! Pas étonnant que les Français ignorent des statistiques publiques aussi peu précises…

Dans le fond, aucune des réponses fournies n'est absurde. Les gens ne connaissent pas ces statistiques avec précision ? Mais ces chiffres, en soi, ne signifient strictement rien. Comme on le voit, le chiffre de la dette publique se ridiculise de lui-même. Et considérer que le taux de chômage est supérieur à 10 % n'a rien d'absurde. Premièrement, il est dans cet ordre de grandeur pour les jeunes, interrogés sur le sujet. Deuxièmement, le taux de chômage est une mesure particulière avec un sens précis : considérer que le sous-emploi réel en France est sous-estimé par cette statistique officielle n'aurait rien d'aberrant. La question sur la croissance, enfin, doit être clarifiée. Il ne s'agit nullement d'une défiance à l'égard des statistiques : celles-ci sont indispensables malgré leurs limites. Mais la simple connaissance d'un chiffre n'est qu'une connaissance d'idiot savant, pas une forme de culture économique.

Celle-ci repose plutôt sur la compréhension de quelques mécanismes simples. L'idée d'interdépendance par exemple : vendeur et acquéreur d'un bien ou d'un service dépendent mutuellement l'un de l'autre. Ou encore la notion d'équilibre général : ce qui se passe dans une partie de la société se répercute dans le reste de l'économie, il n'y a pas d'événement « isolé ». Autre mécanisme fondamental : celui d'équilibre comptable. Les achats des uns représentent les ventes des autres. De ce fait, ce qui est bon pour moi (par exemple, une augmentation de mon salaire) n'est pas forcément bon pour l'économie dans son ensemble. Autre principe de base : s'il existe un moyen de s'enrichir aisément, il va attirer des gens jusqu'au point où il cessera d'être si attrayant. Au fond, tout raisonnement économique se ramène à ces quelques règles, appliquées à différents sujets, et seule leur acquisition est véritablement nécessaire pour former les citoyens au raisonnement économique. La tâche n'est pas aisée dans un système scolaire qui a besoin de connaissances évaluables pour noter les élèves. Elle est encore plus complexe pour la classe politique dont les membres n'attendent de l'économie que la confirmation de leurs fantaisies et de celles de leur électorat. L'ignorance française en matière économique est probablement faite pour durer.

10

Les riches sont des fainéants comme les autres

HARPAGON – *N'as-tu point de honte, dis-moi, d'en venir à ces débauches-là ? De te précipiter dans des dépenses effroyables ? Et de faire une honteuse dissipation du bien que tes parents t'ont amassé avec tant de sueurs ?*

CLÉANTE – *Ne rougissez-vous point, de déshonorer votre condition, par les commerces que vous faites ? De sacrifier gloire et réputation, au désir insatiable d'entasser écu sur écu ? Et de renchérir, en fait d'intérêts, sur les plus infâmes subtilités qu'aient jamais inventées les plus célèbres usuriers ?*

MOLIÈRE, *L'Avare*, Acte II, Scène 2

« Comment devenir riche ? » : difficile pour l'économiste d'échapper à cette question lorsqu'il quitte l'ambiance feutrée de son laboratoire de recherche pour rencontrer le vaste monde. Qu'au hasard d'une attente interminable dans un aéroport il s'avise d'aller observer le rayon « économie » de la librairie des lieux, il y trouvera une quantité considérable d'ouvrages consacrés à cet épineux problème, narrant la vie exemplaire d'un individu parti de rien et devenu millionnaire, décrivant par le menu des stratégies de placement financier immanquablement rentables, ou donnant des conseils définitifs pour gagner la course à la fortune. Sans même parler des conversations courantes, où il entend invariablement les mêmes questions : quelles valeurs vont monter en Bourse, lesquelles convient-il d'acheter ? Et l'immobilier, va-t-il grimper ou baisser ? Et les taux d'intérêt ?

L'économiste redoute ces questions comme la peste. Et pour cause ; il se retrouve en général obligé de répondre qu'il n'en a pas la moindre idée, s'attirant immédiatement des regards remplis de commisération. À quoi bon faire des études ennuyeuses, dans lesquelles on ne parle que d'argent, si cela ne sert même pas à savoir comment bénéficier de l'économie ? Parfois, la commisération tourne au simple mépris : à quoi bon écouter les économistes, ces gens qui prétendent tout connaître sur les affaires ? S'ils en savaient tant que cela, au moins cela se verrait dans leur portefeuille ! Hélas (pour les économistes), les qualités requises pour devenir riche n'ont pas grand-chose à voir avec celles qu'impliquent des études d'économie – de la même façon qu'enseigner la littérature ne transforme pas un individu en grand écrivain. Pour autant, à bien chercher, les économistes ont cependant quelques conseils à dispenser à tous les aspirants à la richesse.

À quoi bon, d'abord, chercher des moyens de devenir riche ?

La première chose que l'analyse économique enseigne, c'est que chercher à devenir riche ne sert pas à grand-chose. Et ce pour deux raisons : tout d'abord, riche, vous l'êtes déjà. Et ensuite, votre richesse ne dépend que très marginalement de vos actions.

Vous n'avez certainement pas l'impression d'être riche. Plus probablement, vous estimez que votre pouvoir d'achat est médiocre alors qu'autour de vous des tas de gens sont visiblement plus prospères, sans même parler des revenus extravagants des footballeurs, des artistes, ou des dirigeants et propriétaires de grandes entreprises. Vous oubliez cependant une chose : cette richesse que vous contemplez ne concerne qu'une fraction minuscule de la population humaine. Parmi les quelque six milliards de vos congénères, vous êtes probablement (si vous êtes en train de lire ce livre) parmi les mieux lotis. Après tout, près d'un milliard de personnes vivent avec moins de deux dollars par jour, ce qui est bien peu. Il existe même un site Internet qui vous permet de vous classer par rapport au reste de la population mondiale : vous pourrez y constater en le visitant que toucher le revenu médian français (le revenu tel que la moitié des Français gagne plus, et la moitié moins, soit environ 20 000 € annuels) vous situe dans les 5 % d'individus les plus riches de la planète. En pratique, le principal facteur expliquant votre richesse relative, par rapport au reste de la population mondiale, est… le pays dans lequel vous résidez ; et cela, vous n'y pouvez pas grand-chose. Vous pouvez toujours décider de changer de lieu de résidence, voire de nationalité ; mais si c'est pour vous rendre dans un pays dans lequel le revenu est significativement plus élevé, cela sera très difficile, car ces pays, le plus souvent, ne facilitent guère l'installation d'étrangers pauvres sur leur territoire.

Non seulement votre pays de naissance et de résidence détermine largement votre revenu par rapport au reste du monde, mais il conditionne aussi l'évolution de votre fortune. Depuis environ deux siècles et les débuts de la croissance économique, le revenu par habitant dans les pays aujourd'hui riches a crû au rythme d'environ 2 % par an. Cela peut sembler peu, mais à cette vitesse, il double pratiquement tous les vingt-cinq ans et se retrouve multiplié par sept en un siècle. Dans son ouvrage, *A Farewell to Alms*, l'économiste G. Clark a donné la signification de ces chiffres : observez autour de vous des gens que vous considérez comme riches, ce qu'ils consomment, comment ils vivent : dans un peu plus d'une génération, vous vivrez et consommerez comme eux aujourd'hui. La croissance économique fait qu'en moyenne on « devient riche » en une génération. Pensez après tout à la proportion de la population française qui, il y a vingt-cinq ans, disposait d'objets comme des téléphones portables, des ordinateurs personnels, qui partait en vacances en prenant l'avion, etc. : ces biens autrefois réservés à la fraction la plus riche de la population sont aujourd'hui largement répandus. En somme, pour devenir riche, il suffit d'attendre.

Vous direz peut-être que cette comparaison n'est pas pertinente. Ce qui vous intéresse n'est pas votre position par rapport au reste de l'humanité, ou votre revenu futur, mais votre richesse comparative par rapport aux gens que vous côtoyez ou côtoierez, et qui se trouvent appartenir comme vous à la minorité aisée de l'humanité : la fortune, après tout, est un concept relatif plus qu'absolu, et chacun s'intéresse à sa position dans l'échelle des revenus du pays dans lequel il vit, au moment où il y vit. Cependant, même à l'intérieur de votre pays, votre fortune dépend pour l'essentiel de facteurs qui vous échappent. La mobilité sociale, le fait de changer de position dans l'échelle des revenus, est notoirement difficile à mesurer. Les diverses études économiques qui sont consacrées à ce sujet constatent qu'elle existe et est même – contrairement aux idées reçues sur le mythe américain – plus élevée en Europe qu'aux États-Unis, mais elle reste dans l'ensemble assez limitée. La catégorie sociale à laquelle appartiennent vos parents détermine, dans une très large mesure, la catégorie sociale à laquelle vous aurez tendance à appartenir. Vous vous situerez peut-être un peu au-dessus, un peu au-dessous, mais jamais très loin. Comme le dit un proverbe britannique, la pomme ne tombe jamais très loin du pommier.

Non seulement votre (bonne) fortune semble largement prédéterminée, mais les trajectoires atypiques s'expliquent aussi largement… par le hasard. Les économistes commencent à disposer de données pour définir la part des circonstances et de la chance dans les fortunes individuelles. Ces données sont encore parcellaires, mais s'orientent toutes dans le même sens : leur rôle est extrêmement important. Deux exemples d'études permettent de le constater.

L'économiste P. Oyer a étudié les carrières des étudiants issus de la prestigieuse université de Stanford entre 1960 et 1997, qui sont allés travailler dans le secteur de la finance. Il a constaté que les performances de la Bourse pendant les études de ces étudiants ont eu un impact considérable sur leurs revenus et leurs carrières. Les années de fortes performances boursières, les banques d'affaires ont beaucoup embauché et offert des salaires élevés à leurs nouvelles recrues ; à l'inverse, les mauvaises années, ces banques recrutaient peu et offraient de moins bons salaires. Les salaires à l'embauche des étudiants recrutés dans la finance ont donc été largement déterminés par les performances boursières, ce qui jusque-là n'a rien de très surprenant. Ce qui l'est plus, c'est que les différences de salaires perdurent. Ainsi, les étudiants de la promotion 1988, recrutés juste après le krach boursier de 1987, continuent encore aujourd'hui, vingt ans après, d'avoir des salaires moins élevés que les élèves des autres promotions. Ce résultat n'est pas spécifique à Stanford. D'autres études ont montré que les étudiants américains qui obtiennent leur licence pendant une année de récession commencent leurs carrières avec des salaires plus faibles ; cet écart salarial avec les autres promotions subsiste encore dix ans après leur entrée sur le marché du travail.

Une autre étude, consacrée à l'effet sur les inégalités aux États-Unis de la « bulle Internet » des années 1990, s'est intéressée non pas aux inégalités entre individus, mais aux inégalités entre comtés des USA. La méthode a consisté à étudier quels comtés avaient le plus contribué à la hausse des écarts de revenus survenue durant cette période, autrement dit qui avaient vu une fraction importante de leur population s'enrichir. Les auteurs ont constaté que les cinq comtés dans lesquels les revenus avaient le plus augmenté étaient la ville de New York, King County (où se trouve le siège de Microsoft) et les trois comtés constituant la Silicon Valley. Ils ont simulé ce qui se serait passé si ces comtés avaient connu la même évolution de revenus que la moyenne du reste du pays : ils ont eu la surprise de constater que, si cela s'était produit, les inégalités aux USA auraient à peine changé sur la période. En d'autres termes, cinq comtés (sur les 3 100 que comptent les États-Unis) ont déterminé l'essentiel des changements survenus pendant cette période.

Tous ces travaux convergent dans le même sens : si l'on a tendance à dire que le talent et les efforts des gens déterminent leur fortune, la réalité montre que les circonstances et la chance pèsent d'un poids très important. Après tout, il n'y a pas de raison de penser que les étudiants issus d'années de récession sont moins talentueux ou moins travailleurs que les autres. Si l'on veut devenir riche, mieux vaut se trouver au bon endroit, au bon moment.

Prendre en compte le rôle de la chance dans les fortunes personnelles a un impact dévastateur sur tous les conseils que l'on pourrait donner pour devenir riche.

L'essentiel de ces conseils, au fond, repose plus ou moins implicitement sur l'observation du passé (la façon dont ont procédé les personnes qui sont devenues riches) pour en déduire des stratégies pour l'avenir. Mais si la chance joue un rôle dans les fortunes personnelles passées, comment faire la part des choses entre ce qui relève du comportement de ces « chanceux » et le rôle du hasard ? Tel individu pourra écrire un livre pour vous raconter qu'il s'est enrichi en travaillant d'arrache-pied, en se levant tôt le matin, en lisant quotidiennement la presse financière pour dénicher de bonnes affaires, et citer de multiples exemples de gens fortunés ayant fait de même ; tel autre qu'il a fait fortune en achetant des appartements décrépits, en y faisant quelques travaux, pour les revendre avec une forte plus-value ; un dernier vous expliquera qu'il a trouvé un placement extraordinaire particulièrement rentable, plus que ne l'est le marché financier, etc. Tout cela est à peu près totalement dépourvu d'intérêt si vous souhaitez vous aussi devenir riche.

Ce n'est pas parce que tous les gens qui sont devenus riches ont travaillé beaucoup dans ce but, se sont levés tôt, et sont restés à l'affût des bonnes affaires que ce genre de comportement permet de devenir riche : il existe après tout énormément de gens qui agissent ainsi sans pour autant voir leur patrimoine en bénéficier beaucoup. Pour savoir si cette stratégie est valable, il faudrait connaître la proportion de ceux qui la suivent et deviennent effectivement riches, et si cette proportion est significativement différente de celle du reste de la population. Faute de cette information, ce genre de conseil ressemble au slogan de la Loterie nationale, affirmant que 100 % des gens qui gagnent ont joué ; c'est exact, mais cela ne change rien au fait que les gagnants ne constituent qu'une minorité de joueurs, et qu'en moyenne jouer au Loto est une opération perdante.

Celui qui vous dit qu'il a fait fortune en achetant et en revendant des logements ne vous éclaire pas plus. Peut-être qu'effectivement les gens qui ont agi ainsi au cours des dernières années ont gagné beaucoup d'argent, mais pendant cette période, les biens immobiliers ont augmenté à peu près partout. Non seulement cela conduit à nuancer la performance des acheteurs et vendeurs d'immobilier dans cette période, mais rien ne garantit également que ce genre de performance va se renouveler ; sur le long terme, les biens immobiliers ont tendance après tout à évoluer au même rythme que la hausse des prix en moyenne.

De façon générale, les performances de tel ou tel placement au cours des dernières années ne constituent en rien un guide pour les performances futures, pour des raisons statistiques : le plus souvent, on ne dispose pas d'assez d'informations pour savoir si ces performances sont réelles ou le simple fruit de circonstances favorables. La quantité d'informations nécessaires est extrêmement élevée. Supposez que l'on vous propose un placement financier en vous indiquant qu'il a 51 % de chances de faire mieux que le marché dans son ensemble (et donc, 49 % de chances de faire moins bien) – ce qui, au passage, constitue une performance supérieure à celle de nombre de placements. Combien d'années de performances passées vous faut-il pour être sûr à 99 % que ce placement correspond vraiment à ce que l'on vous indique ? La réponse est... 13 700 années de résultats. Vous n'avez en réalité aucun moyen de juger si ce que l'on vous raconte est vrai. Pire : des performances élevées au cours des années précédentes peuvent venir tout simplement de ce que le placement est très risqué et a bénéficié de circonstances favorables. Dans ce cas, à terme, il subira forcément des contre-performances tout aussi importantes que les performances passées.

En résumé, à la question « comment devenir riche ? », la réponse des économistes est assez déprimante. Premièrement, chercher une recette n'a pas beaucoup d'intérêt, dans la mesure où ce que vous décidez de faire n'a, au bout du compte, pas beaucoup d'impact sur la richesse que vous obtiendrez, au regard du rôle des circonstances et de la chance. Deuxièmement, même si vous cherchez à suivre une recette, il n'existe pratiquement aucun moyen fiable pour savoir si cette recette est bonne et va continuer de l'être.

Allez, si vous insistez...

Les économistes n'ont-ils pour autant aucune autre recommandation à faire que « n'écoutez pas les conseils que l'on vous donne » ? Pas totalement. L'analyse économique nous fournit quelques éléments pour sinon devenir riche du moins nourrir quelques intuitions.

Paradoxalement, du fait de savoir qu'il n'y a pas de moyen aisé de devenir riche on peut tirer des enseignements utiles. Ceux-ci reposent sur un principe général, le *principe d'équivalence*, qui peut s'énoncer de la façon suivante : *si deux choses sont identiques, il y a de bonnes chances qu'elles aient une valeur identique.*

Un exemple permet de comprendre. Considérez deux titres financiers, exigeant chacun d'investir 100 €. Le premier rapporte au bout d'un an 105 € ; le second rapporte au bout d'un an 110 €. Une telle situation ne peut pas durer : personne ne va acheter le premier titre alors que le second rapporte plus. De ce fait, le prix d'achat du premier va baisser, et le prix d'achat du second va augmenter. Et ce jusqu'au point où l'écart de rendement entre les deux titres va disparaître. Cela suppose bien entendu que les titres soient vraiment identiques, notamment en matière de risque. Ainsi, supposons que le premier titre offre un rendement garanti, mais pas le second : celui-ci, en fait, a une chance sur deux de rapporter 110 € et une chance sur deux de n'avoir aucun rendement et de ne rapporter que 100 €. Dans ce cas, les deux actifs ont en fait le même rendement moyen, et leur valeur ne changera pas[1].

Ce raisonnement peut être reformulé de la façon suivante : si un actif apporte un rendement supérieur à un autre, c'est probablement qu'il est plus risqué, ou, de façon générale, qu'il doit présenter une caractéristique défavorable que l'on n'a pas vue. Comme le disent les économistes, il n'y a pas de repas gratuit. Méfiez-vous donc lorsqu'on vous offre un rendement élevé : il y a probablement un loup quelque part.

Ce raisonnement ne se limite pas aux actifs financiers. Supposez qu'il existe un métier très rémunérateur, n'exigeant pas de qualités spécifiques ; il est probable que de nombreuses personnes vont chercher à l'exercer, ce qui aura pour effet d'en réduire la rémunération. Pour qu'un métier reste très rémunérateur, il faut soit qu'il exige des caractéristiques spécifiques, difficiles à reproduire, soit qu'il y ait beaucoup de candidats et très peu d'élus. On rencontre ce second cas de figure dans de nombreux métiers artistiques ou du spectacle. La très forte rémunération et la grande notoriété de certains sportifs, acteurs ou chanteurs célèbres, font qu'ils sont souvent en couverture des magazines. Mais il convient d'avoir à l'esprit que le nombre de personnes cherchant à exercer ces professions est extrêmement élevé et que la plupart d'entre elles ne parviennent pas à en vivre. Une légende affirme ainsi

1. Ce n'est pas tout à fait exact : cela suppose que les acheteurs soient neutres face au risque. Si ceux-ci présentent une aversion pour le risque, ils préféreront le premier actif.

qu'à Hollywood tous les serveurs de bar ont un scénario à proposer. De même, la très forte rémunération des grands dirigeants d'entreprises explique en partie pourquoi un très grand nombre de personnes sont disposées à prendre leur place (celles qui se trouvent aux échelons immédiatement inférieurs dans la hiérarchie). Dans ce type de métier, la rémunération très importante de quelques-uns est compensée par un risque très élevé de ne pas appartenir à la catégorie des gagnants.

Si la très forte rémunération d'un métier n'est pas compensée par un risque très important, elle l'est probablement par la nécessaire détention d'une caractéristique spécifique, difficile à reproduire, ce qui empêche d'autres personnes d'exercer ce métier. C'est le cas des professions exigeant une licence d'exercice, comme les notaires ou les pharmaciens. Mais ne deviendront riches que les premiers qui auront pu bénéficier d'une licence d'exercice. En effet, les suivants devront acquérir cette licence. Le principe d'équivalence indique que leur prix d'acquisition augmentera jusqu'à compenser l'avantage de revenu initial. Là non plus, il n'y a pas de repas gratuit, ou plutôt, il n'y a de repas gratuit que pour ceux qui ont la chance d'être les premiers servis.

Devenir riche exige donc soit d'avoir beaucoup plus de chance que les autres, soit de parvenir à acquérir une caractéristique spécifique et utile, et que cette caractéristique soit difficilement imitable par les autres : la partie n'est pas facile. Il y a pourtant quelques moyens de tirer son épingle du jeu.

Premièrement, faire des études. Certains discours affirment que les études ne sont plus ce qu'elles étaient et ne garantissent plus comme avant une rémunération satisfaisante, et multiplient les anecdotes sur des autodidactes devenus riches ou, à l'inverse, des surdiplômés amenés à exercer des métiers pour lesquels ils étaient trop qualifiés. Mais les études statistiques sont formelles : la prime aux études reste extrêmement élevée et tend même plutôt à augmenter. Chaque année d'études effectuée, en moyenne, réduit la probabilité d'être au chômage et élève la rémunération future de façon significative, et ce dans tous les pays. Aux États-Unis, une part importante de la hausse des inégalités de revenus au cours des dernières décennies provient ainsi de l'augmentation de la prime aux études, qui a progressé beaucoup plus vite que le nombre de diplômés.

Deuxièmement, épargner plus. Les spécialistes en économie comportementale ont identifié de multiples raisons expliquant pourquoi nous avons tendance à ne pas épargner suffisamment : nous valorisons excessivement la consommation immédiate et nous sous-estimons les conséquences de futures baisses de revenu, notamment celles qui surviendront lorsque nous prendrons notre retraite. Résultat, alors que l'épargne permet de constituer un patrimoine qui amortit l'effet déplaisant des fluctuations de revenu, nous n'utilisons pas assez cette possibilité, pour le regretter plus tard. Vous vous dites peut-être que vous ne pouvez pas épargner plus, que votre revenu ne vous le permet pas, que vous ne pouvez pas vous passer des dépenses que vous faites aujourd'hui : dans ce cas, vous avez tort. Si vous ne parvenez pas à épargner, n'hésitez pas à utiliser des mécanismes pour vous lier les mains (un prélèvement automatique sur un compte d'épargne constituant une excellente solution).

Troisièmement, diversifier davantage vos actifs. Épargner, se constituer un patrimoine, est une chose : encore faut-il prêter attention à la manière dont il est composé. De façon générale, les patrimoines ne sont pas suffisamment diversifiés, ce qui accroît le risque auquel ils sont confrontés. Il n'est ainsi pas très recommandé de détenir des actions de son employeur ; si celui-ci connaît des difficultés, cela touchera à la fois votre salaire et votre patrimoine. Pour beaucoup de gens, la résidence principale et l'immobilier de façon générale constituent l'essentiel du patrimoine. C'est oublier que de nombreux aléas de la vie peuvent obliger à changer de logement : dans ce cas, la propriété immobilière devient un handicap qui amplifie les difficultés. C'est également négliger le fait que le rendement de l'immobilier n'est pas très élevé.

Quatrièmement, méfiez-vous d'une gestion trop active de votre patrimoine. Tout simplement parce que, comme nous l'avons vu, il est très difficile de faire mieux que le marché et, surtout, de savoir si une forte performance est liée à la chance, à un risque élevé ou à des choix judicieux (le plus souvent, ce sont les deux premières possibilités). En moyenne, les investisseurs individuels ont tendance à faire moins bien que le marché, et les placements que l'on vous propose ne sont pas meilleurs. À moins que l'activité ne vous amuse, il est donc préférable d'éviter les nombreux achats et ventes de titres qui visent à profiter des fluctuations ; cela vous fait subir d'importants frais de gestion le plus souvent, et le jeu n'en vaut pas la chandelle. La technique la plus éprouvée pour se constituer un patrimoine rentable consiste à placer à intervalles de temps réguliers une somme constante sur le marché et à détenir des titres les plus divers possible (par exemple en achetant des fonds qui reproduisent la composition des indices boursiers, sur lesquels les frais de gestion sont réduits). Non seulement cette méthode est efficace, mais elle vous évitera aussi bien des tourments et des regrets liés au fait d'avoir acheté ou vendu au mauvais moment. Ne pas regarder trop souvent l'évolution des cours est un bon moyen d'être tranquille, et de nombreuses études économiques ont montré que cela évite de faire de mauvais choix.

Bien sûr, tous ces conseils ne sont guère exaltants, et s'ils peuvent améliorer la façon dont vous gérez votre patrimoine, ils ne vous rendront pas riche pour autant. Après tout, même les économistes sont soumis au principe d'équivalence : si la fonction était si rentable que cela, les économistes seraient bien trop nombreux.

11

Faire payer le pigeon est excellent

« Look at this. It's worthless – ten dollars from a vendor in the street. But I take it, I bury it in the sand for a thousand years, it becomes priceless. »

George LUCAS, *Les Aventuriers de l'Arche perdue*

Supposez que vous souhaitiez acheter la dernière version du logiciel bureautique « Office » de Microsoft ; vous allez rapidement constater qu'il n'existe pas « une » dernière version de ce logiciel mais près d'une dizaine, présentant toutes des différences mineures les unes par rapport aux autres. Les écarts de prix, en revanche, n'ont rien de négligeable : ceux-ci varient entre une centaine d'euros pour la version la plus simple jusqu'à près de 800 euros pour la plus complète. Et si vous cherchez un peu, vous découvrirez même que les étudiants peuvent se procurer la version la plus fournie du logiciel pour environ 50 euros, contre presque 800 en temps normal.

Les logiciels ne sont pas les seuls concernés par cette efflorescence de tarifs différents. Les chances sont grandes pour que votre voisin de train ou d'avion n'ait pas payé le même prix que vous. Si l'on en croit les associations de consommateurs, un prestataire de téléphonie mobile offre plus de 700 combinaisons de services et de prix différents. Chez certains constructeurs informatiques comme Apple, l'achat d'un ordinateur ou d'un baladeur de couleur au lieu du blanc « standard » engendre une différence de prix de l'ordre de 20 %. Pourtant, les versions les moins chères se révèlent souvent les plus onéreuses à produire. Ainsi Microsoft n'a développé qu'une seule version de son logiciel « Office », celle comprenant l'intégralité des fonctionnalités. Dans un second temps, l'entreprise a ajouté des verrous qui limitent, en fonction du type de licence achetée, l'accès à certaines fonctionnalités, ce qui élève le coût d'élaboration de ces versions... vendues ensuite moins cher. Il y a quelques années, IBM vendait deux modèles d'imprimantes laser pour des prix très différents. La moins coûteuse était parfaitement identique à l'autre, à un détail près : le constructeur lui avait incorporé un mécanisme ayant pour effet de ralentir la vitesse d'impression.

Les économistes appellent « discrimination tarifaire » cette pratique des entreprises consistant à vendre des produits identiques à des clients et à des prix différents. La technique prend des formes variées, mais le plus souvent, la version la plus facilement accessible du produit est vendue au prix fort, le client soucieux de ses deniers devant, lui, franchir un ou plusieurs obstacles : attendre des ventes à prix réduits limitées dans le temps ou réservées à quelques points de vente, accéder à des promotions gourmandes en temps. Une autre solution consiste à incorporer dans un produit une caractéristique qui n'en change le coût de production que de façon marginale mais fera que certaines catégories de consommateurs seront disposées à le payer à un prix significativement différent.

Cette pratique est en réalité très répandue. Les paquets de biscuits sur lesquels on trouve un coupon de réduction découpable, qu'il faut envoyer (avec un relevé d'identité bancaire) au producteur pour bénéficier d'une réduction de quelques euros ? Discrimination tarifaire. Ici, l'obstacle réside dans l'effort à faire pour bénéficier de la réduction. Le café équitable vendu deux fois plus cher que le café « normal » ? Discrimination tarifaire encore. Car le prix payé au producteur ne constitue qu'une partie minime du coût de production d'un paquet de café, l'essentiel provenant des marges versées aux intermédiaires, du transport, de la torréfaction et de la distribution. Que les « petits producteurs » du café vendu sous le label « commerce équitable » soient deux fois mieux payés que les autres ne devrait aboutir, au maximum, qu'à un surcoût d'une dizaine de centimes d'euro sur un paquet de 250 grammes, et encore : le commerce équitable nécessite beaucoup moins d'intermédiaires que les filières traditionnelles et se révèle plus économe en promotion, puisque son image positive est déjà acquise. Les écarts de prix de vente constituent seulement une façon de faire payer plus cher leur café à ceux qui sont disposés à le faire.

Les tarifs prohibitifs du « *roaming* », les appels passés ou reçus avec un téléphone mobile à l'étranger ? Discrimination tarifaire là encore : ils « taxent » les utilisateurs les plus nomades, dont on suppose qu'ils ont une plus grande disposition à payer. Les livres, vendus moins cher en édition de poche qu'en édition reliée ? Discrimination tarifaire : les coûts d'impression sont pratiquement les mêmes. Les banques, qui proposent des conventions de compte complexes, alors qu'il est toujours possible, en cherchant bien, d'ouvrir un compte simple pour un coût annuel bien moindre ? Même chose.

Le fait que le même produit puisse être vendu à des prix différents choque. Nous sommes attachés à l'idée que les choses ont une valeur intrinsèque et que la valeur d'un bien ou d'un service correspond à son coût de production, auquel s'ajoute un profit « raisonnable ». Pour les économistes, cette idée est étrange. Une chose n'a pas d'autre valeur que ce que quelqu'un est prêt à payer pour l'avoir et que quelqu'un d'autre est prêt à accepter pour la céder. Pourquoi serait-il anormal qu'un consommateur soit disposé à payer très cher son billet d'avion ou ses communications téléphoniques ?

D'ailleurs, la notion de « prix intrinsèque » d'un bien ou d'un service n'a pas grand sens, car les coûts de production d'un produit ne résultent que d'une convention de calcul. Que coûte à Microsoft un utilisateur supplémentaire d'un de ses logiciels ? Pratiquement rien. L'essentiel des coûts de production de cette entreprise réside dans des frais fixes de développement, indépendants de la quantité vendue. De la même façon, qu'un avion accueille un passager de plus ne modifie guère le compte d'exploitation, au prix du (médiocre) sandwich servi à bord près. Dans tous les secteurs caractérisés par des coûts fixes élevés et des coûts variables faibles, une seule chose compte : que, dans son ensemble, l'entreprise soit bénéficiaire.

Mais les consommateurs ne raisonnent pas comme les économistes et se sentent lésés lorsqu'ils paient un produit à un prix supérieur... à celui acquitté par un autre. Les entreprises doivent du coup développer des trésors d'ingéniosité pour justifier, et pérenniser, leurs pratiques. Le « temps » est l'un des arguments le plus utilisé : ainsi, si vous souhaitez bénéficier d'un billet d'avion ou de train à prix réduit, vous avez intérêt à vous y prendre à l'avance. En revanche, c'est le jour même de la représentation que vous décrocherez les billets de théâtre les moins coûteux.

Une autre technique des entreprises consiste à présenter ces opérations de discrimination tarifaire comme des « réductions » et non comme des prix plus élevés imposés à ceux qui peuvent payer plus cher. Si vous avez moins de 25 ans ou plus de 60 ans, vous pouvez acheter auprès de la SNCF pour environ 50 euros une carte vous permettant de bénéficier de 50 % de réduction sur vos billets de train. Si vous avez entre 25 et 60 ans, l'abonnement vous donnant le même genre d'avantages vous coûtera dix fois plus cher.

Cette stratégie est aisément compréhensible : les jeunes ou les personnes âgées sont caractérisés à la fois par du temps libre et des revenus réduits, ce qui implique probablement une forte sensibilité au prix de leurs transports. À l'inverse, les gens entre 25 et 60 ans sont souvent en activité et se déplacent de façon plus contrainte. Le système de cartes de réduction de la SNCF est donc un moyen de faire payer plus cher ceux qui sont disposés à le faire. Mais il n'est pas présenté comme tel : on explique que les gens âgés de 25 à 60 ans paient « le » tarif, tandis que les autres bénéficient d'une « réduction ». Pas question d'avouer que l'on « surtaxe » les premiers, les seconds s'acquittant, eux, du prix « normal » ! Les « réductions » sont légitimes, pas les « augmentations », même si dans le fond cela revient au même. Ainsi, lorsque des acheteurs de livres ont constaté qu'amazon.com utilisait l'historique des achats pour faire payer plus cher certains de ses clients, l'entreprise a dû faire machine arrière.

La discrimination tarifaire a mauvaise presse pour une autre raison : elle est souvent pratiquée par des entreprises disposant soit d'un monopole de fait (comme Apple ou Microsoft), soit se trouvant dans une situation de concurrence réduite (entreprises de transport, de téléphonie mobile, banques, etc.). Et de fait, il est difficile de différencier ses tarifs en situation de « vraie » concurrence : qu'un compétiteur propose des prix plus bas et l'entreprise « discriminante » se retrouve contrainte de s'aligner. Mais si la discrimination tarifaire est favorisée par une situation de concurrence réduite, elle contribue elle-même à l'entretenir : l'opacité des tarifs qu'elle entraîne rend difficile la comparaison des offres entre fournisseurs.

Les associations de consommateurs sont en conséquence souvent hostiles à ce type de pratiques et applaudissent aux initiatives des pouvoirs publics visant à imposer des tarifs fixes. Par exemple, la décision, appliquée en 2007, de la Commission européenne de plafonner les taux de marge – parfois supérieurs à 400 % ! – sur les appels téléphoniques passés vers et depuis l'étranger a été très appréciée.

Pour autant, les consommateurs ont-ils profité de la mesure ? Rien n'est moins sûr. Car, constatent les économistes, si la discrimination tarifaire bénéficie aux entreprises qui la pratiquent, elle bénéficie aussi aux consommateurs. Supposons que nous avons un bien dont le coût moyen de production est de 20 €, et comptant deux acheteurs potentiels : Alain est prêt à payer 19 €, Bernard, 25 €. Si l'entreprise commercialise ce produit à 20 €, elle n'en vendra qu'un, à Bernard, qui réalisera un gain de 5 € (en payant 20 € quelque chose qu'il évaluait à 25 €). Supposons maintenant que le vendeur puisse vendre ce produit à Alain au prix de 18 €, et à Bernard au prix de 24 €. Il vendra alors deux produits, tandis qu'Alain et Bernard réaliseront un gain de 1 € chacun.

Or vendre une plus grande quantité permet en général d'abaisser les coûts de production, en bénéficiant d'économies d'échelle ; c'est le cas dans de nombreux secteurs pratiquant la discrimination tarifaire, qui sont caractérisés par des coûts fixes élevés et des coûts variables (le coût d'un utilisateur supplémentaire) faibles. C'est le cas dans la téléphonie mobile (c'est le réseau qui est cher, un utilisateur supplémentaire ne coûte pas beaucoup plus), dans les transports (des passagers supplémentaires permettent d'utiliser des avions ou des trains plus grands, abaissant le coût moyen par passager du transport), dans le secteur bancaire (le coût du réseau est réduit s'il est amorti sur un grand nombre de clients), dans le secteur informatique (dans lequel les coûts de recherche sont très élevés, comparés aux coûts de fabrication). Au total, l'extension du marché issue de la discrimination tarifaire bénéficie globalement à la clientèle en abaissant les coûts de production unitaires.

Il est vrai que cet avantage obtenu par les consommateurs n'est pas réparti de façon égale : ceux qui paient le prix fort pour le bien ou le service sont pénalisés, au profit de ceux qui trouvent le moyen de le payer moins cher. Mais il y a là une sorte de justice sociale : ceux qui paient cher sont ceux qui étaient prêts à payer cher au départ, c'est-à-dire, le plus souvent, ceux qui disposent de revenus suffisamment confortables. Les consommateurs qui passent des appels téléphoniques d'un pays à un autre de l'Union européenne, ceux qui voyagent dans les classes supérieures, ou qui sont prêts à payer plus cher pour un iPod coloré plutôt que blanc ne sont que rarement les plus démunis de la population.

Lorsque l'Union européenne impose aux compagnies de téléphone mobile de réduire leurs marges sur les appels téléphoniques passés d'un pays de l'Union à un autre, les bénéficiaires sont les utilisateurs de téléphones mobiles qui appellent d'un pays à un autre (ce qui est le cas de nombre de parlementaires et de fonctionnaires européens, mais c'est probablement une coïncidence). Les perdants sont, dans un premier temps, les compagnies de téléphone, qui voient leurs marges diminuer. Mais pas pour bien longtemps : comme elles bénéficient d'une situation peu concurrentielle (ce qui leur a permis, au départ, de pratiquer la discrimination tarifaire), elles ne manqueront pas de rétablir leurs marges sur les autres clients. Elles pourront d'autant mieux le faire qu'elles auront l'assurance que leurs concurrentes, soumises à la même contrainte, vont faire de même au même moment.

Ce raisonnement n'est pas une vue de l'esprit : c'est exactement ce qui s'est produit lors du passage à l'euro, lorsque la Commission européenne a obligé les banques à réduire les frais qu'elles imposaient pour les transactions d'un pays à l'autre libellées dans la devise européenne. L'impact de cette décision sur les marges des banques a été inexistant. Car les banques ont trouvé le moyen de faire payer à l'ensemble de leurs clients ce qu'auparavant seuls ceux qui effectuaient des transactions d'un pays à l'autre acquittaient. Plutôt qu'un système dans lequel les plus riches contribuent plus aux profits des entreprises que les plus pauvres (qui ont rarement l'occasion de faire des virements d'un pays à l'autre), cette réforme a créé un système dans lequel tout le monde participe de la même façon aux bénéfices : une bien étrange forme d'égalitarisme.

Parce que les gens n'aiment pas l'idée de payer plus cher que d'autres pour la même chose, les mesures politiques contre la discrimination tarifaire ont en général bonne presse, mais bien à tort. Elles ne corrigent pas le vrai problème – l'absence de concurrence dans de nombreux secteurs d'activité – et constituent le plus souvent une forme de redistribution à rebours, dans laquelle les plus favorisés évitent d'avoir à payer plus cher que les pauvres.

12

C’est votre faute si se loger coûte cher

« Our houses are such unwieldy property that we are often imprisoned rather than housed in them. »

Henry David THOREAU

L’immobilier est l’un des sujets qui dépriment les économistes. Et pour cause : ce secteur vérifie jusqu’à la caricature l’aphorisme de l’économiste A. Blinder : « Les économistes ont le moins d’influence en matière de politique dans les domaines qu’ils connaissent le mieux et sur lesquels ils sont tous d’accord ; ils ont le plus d’influence dans les domaines qu’ils connaissent le moins et sur lesquels ils sont en plus grand désaccord. »

Les économistes rencontrent en effet très tôt dans leur formation la question des prix immobiliers, sous la forme d’un exercice classique sur l’offre et la demande appliqué au cas du contrôle des loyers. Supposons que dans une ville la quantité de logements disponibles soit inférieure à la population qui souhaite y résider. La situation crée une pénurie, qui conduit parfois les législateurs à imposer un contrôle des loyers pour éviter que les propriétaires de logements ne profitent de leur position de force pour imposer aux locataires des prix prohibitifs. Le contrôle des loyers est présenté comme une mesure visant à protéger les locataires contre l'avidité des propriétaires. Las : il débouche presque inéluctablement sur une pénurie de logements encore plus grande.

Les économistes expliquent facilement cet apparent paradoxe. Selon eux, un loyer élevé constitue un signal disant aux constructeurs qu'il est nécessaire et rentable de bâtir de nouveaux logements. Mais il envoie aussi un signal aux locataires potentiels : il n'est pas forcément judicieux de chercher à s'installer dans cette ville. Le prix élevé des loyers a donc un rôle d'incitation qui va progressivement supprimer la pénurie de logements. Instaurer un contrôle des loyers supprime cette incitation et initie le scénario inverse : les constructeurs sont dissuadés de mettre de nouveaux logements sur le marché, tandis qu'un très grand nombre de personnes cherchent à bénéficier d'appartements à loyer contrôlé. En ne traitant que les symptômes, le contrôle des loyers va donc rendre chronique la pénurie de logements dans cette ville. Partout où elle a été imposée, la mesure a provoqué ce genre d'effets. D'ailleurs, ce raisonnement et ses conclusions font, une fois n'est pas coutume, pratiquement l'unanimité chez les économistes : en 1992, un sondage réalisé par l'American Economic Association montrait que 93 % de ses membres approuvaient le constat suivant : « Le contrôle des loyers réduit la quantité et la qualité des logements disponibles. »

Mais cette conclusion peine à sortir du petit monde des économistes. Elle éclaire pourtant la pénurie de logements en France, chronique depuis l'appel radiophonique de l'abbé Pierre il y a cinquante ans ; elle permet aussi de comprendre la situation actuelle du marché du logement national.

Premier constat : depuis dix ans, la hausse des prix immobiliers a été spectaculaire et générale. L'indice Case-Shiller (établi par l'économiste R. Shiller), retraçant sur le long terme l'évolution du prix des logements, en témoigne : au cours du dernier siècle, le prix des logements a évolué comme l'ensemble des prix, certes avec de fortes fluctuations (de l'ordre de 20 ou 30 % par rapport à la tendance générale, toujours suivies d'un retour à la norme). Mais les fluctuations du passé n'ont rien à voir avec les évolutions récentes : en termes réels, le prix des logements a été multiplié par deux, aux États-Unis, depuis dix ans.

Et si la hausse a été très forte aux États-Unis, elle l'a été encore plus en France et dans certains pays européens, comme l'Espagne ou l'Irlande. Comment expliquer un mouvement d'une telle ampleur ? Le premier élément d'explication concerne l'évolution de la demande de logements, qui a beaucoup augmenté dans la même période en raison de divers facteurs :

La plus grande disponibilité du crédit : la période a vu des taux d'intérêt très bas et le développement de nouveaux instruments financiers permettant d'accorder des crédits sur des durées plus longues et à des emprunteurs qui auparavant n'avaient pas accès au crédit immobilier car ils étaient considérés comme insuffisamment sûrs. Sous l'effet de cet accès accru, de nombreux actifs ont vu leur valeur monter au cours de la dernière décennie – les biens immobiliers, mais aussi les titres financiers ou les œuvres d'art.

Des phénomènes plus sociologiques, comme l'augmentation du nombre de familles monoparentales : une fois divorcé, un ménage qui logeait dans un cinq pièces a besoin de deux logements de quatre pièces par exemple. Le vieillissement de la population contribue également à l'augmentation de la demande : de nombreux ménages atteignant l'âge de la retraite quittent les périphéries des villes pour se rapprocher des centres, plus commodes lorsque les besoins d'infrastructures de santé augmentent et que la capacité à se déplacer diminue.

Dans de nombreux pays, l'augmentation des revenus et du nombre de personnes « très riches » a accru la demande de logements dans certaines zones « positionnelles ». S'il y a plus de riches dans le monde, la demande pour des appartements luxueux avenue Foch augmente, mais ce qui rend ces logements uniques, c'est précisément leur rareté. De ce point de vue, il n'est pas surprenant que les hausses les plus fortes aient porté sur des régions comme la Californie ou la Floride aux États-Unis et les quartiers chics des grandes capitales. Les nouveaux riches font monter les prix pour tout le monde, anciens riches compris.

Enfin, la spéculation immobilière : lorsque le prix d'un actif monte, cela peut produire une hausse autoentretenue. Chacun étant persuadé que les prix vont monter indéfiniment, les achats pour revente se multiplient, amplifiant la hausse.

Mais à elle seule, la hausse de la demande ne suffit pas à expliquer celle des prix. Pourquoi, en effet, n'assiste-t-on pas alors à une hausse de l'offre de logements, une augmentation de la construction suffisante pour absorber ce surcroît de demande ? C'est la question que se sont posée les économistes E. Glaeser et J. Gyourko[1] pour les États-Unis, constatant que les prix immobiliers avaient beaucoup augmenté dans certaines régions, mais pas dans d'autres.

---

1. E. Glaeser et J. Gyourko, « Why have housing prices gone up ? », *American Economic Review*, 2005.

Leur analyse est sans équivoque : la progression de la demande ne suffit pas à expliquer la flambée des prix. Cette dernière provient pour l'essentiel de réglementations restreignant les nouvelles constructions dans des zones bien précises, ou limitant la hauteur des immeubles (dans de nombreux quartiers de Manhattan, la hauteur moyenne des immeubles d'habitation, sous l'effet de législations locales, a diminué alors même que la demande de logement a augmenté). Là où ces législations sont absentes, le prix du logement est resté à un niveau standard (correspondant au prix du terrain + coût de la construction + marge raisonnable pour le constructeur). L'intervention réglementaire sur le logement a donc contribué à en élever le prix.

Deuxième constat : en France, le marché de l'immobilier locatif présente toutes les caractéristiques de la pénurie. On y trouve tout à la fois un grand nombre de logements vides et de très nombreux besoins non satisfaits ; des propriétaires exigeant des garanties considérables de la part des locataires (cautions solidaires, garanties de revenu, caution élevée à verser par le locataire, discriminations importantes) et des locataires très mécontents (d'après une étude de l'économiste E. Wasmer, plus d'un locataire sur cinq n'est pas satisfait de son logement). Cet ensemble de caractéristiques met la puce à l'oreille de l'économiste : cela lui rappelle ses cours sur le contrôle des loyers.

La coexistence de logements vides et d'un grand nombre de personnes ne parvenant pas à trouver un logement ? Prévisible. Un prix maintenu trop bas n'incite guère les propriétaires à rendre les logements disponibles et crée de longues files d'attente de demandeurs de logements. En Suède, où le marché locatif était naguère extrêmement réglementé, plusieurs décennies étaient parfois nécessaires pour accéder à un logement ; cette situation a pratiquement disparu dès que le contrôle des loyers a été supprimé.

Des logements de mauvaise qualité ? Prévisible. Le contrôle des loyers n'incite guère à améliorer la qualité des logements, parce que le placement immobilier est peu rentable, et de toute façon, une quantité considérable de gens ne demandent qu'à être logés, même dans des conditions dégradées.

Des relations exécrables entre locataires et propriétaires, des exigences démesurées de ceux-ci, une discrimination de fait envers certaines catégories, comme les jeunes ou les descendants d'immigrés ? Prévisible également. Pour les propriétaires, dans un système de loyers réglementés, la seule façon d'augmenter le loyer est le départ du locataire en place ; celui-ci, en revanche, est fortement incité à rester, de peur de ne pas retrouver les mêmes conditions avantageuses en changeant de logement. Cette situation envenime les relations entre locataires et propriétaires, et incite ces derniers à multiplier les précautions vis-à-vis des locataires potentiels.

De cette combinaison de facteurs résulte une faible mobilité géographique, qui amplifie les conséquences des difficultés économiques : lorsqu'on se retrouve au chômage, pouvoir changer de lieu d'habitation permet de trouver un emploi plus facilement. Elle pénalise également les salariés qui ont besoin de cette mobilité : le personnel de la fonction publique par exemple, ou les jeunes nouveaux actifs. Ces divers problèmes, à leur tour, poussent les locataires vers l'achat et la propriété plutôt que de devoir dépendre d'un marché locatif qui fonctionne si mal. Au total, ces mesures bénéficient à quelques-uns – les locataires qui ont un logement à loyer réglementé – au détriment de tous les autres.

On trouve toutes ces caractéristiques en France de façon de plus en plus exacerbée. Il n'est pas excessif de considérer que le législateur, en matière immobilière, a agi, tout particulièrement au cours des dernières années, en pyromane.

À tous les niveaux du marché immobilier, pour la propriété comme pour la location, il a multiplié les interventions qui contribuent à élever les prix d'achat et à produire des pénuries sur le marché locatif. Citons entre autres la fiscalité et les subventions qui avantagent l'accession à la propriété ; le contrôle de plus en plus accentué des loyers, ou plutôt la limitation de leur hausse à un indice modifié à deux reprises au cours des dernières années (l'indice du coût de la construction, puis l'indice de référence des loyers, qui plus récemment répondait à l'idée de subordonner la hausse des loyers uniquement à l'inflation).

Mais il faudrait y ajouter des politiques à l'effet plus indirect, comme la limitation de la circulation automobile dans les centres-villes. Lorsqu'il devient plus problématique de résider à l'extérieur d'une ville et d'aller y travailler en voiture, les individus sont incités à se rapprocher du centre, pour être plus près de leur lieu de travail ou pour bénéficier des transports en commun, beaucoup plus denses qu'en périphérie. De ce fait, les cités dans lesquelles la circulation automobile est difficile tendent à se densifier ; cette augmentation se fait le plus souvent en hauteur (parce que les nouveaux terrains disponibles au centre-ville sont rares). La conjonction, rencontrée en France, de politiques visant à réduire la circulation automobile et d'obstacles à l'augmentation de la hauteur des immeubles accroît la demande de logements sans que l'offre puisse suivre, ce qui fait monter le prix des logements.

En matière locative, la volonté de protéger le locataire a abouti à un système proprement kafkaïen. Expulser un locataire qui ne paie pas son loyer nécessite une procédure en treize étapes, d'une durée parfaitement imprévisible, soumise à diverses autorisations administratives et judiciaires, et pouvant durer plusieurs années : devant le risque de se retrouver avec un locataire impossible à expulser, les propriétaires multiplient les demandes de garanties. Face à cela, la seule action du législateur consiste… à imposer la limitation des garanties, ce qui dissuade encore un peu plus les propriétaires ou les conduit à exiger des garanties nouvelles mais de façon officieuse.

Faut-il blâmer les élus nationaux et locaux dont les interventions ont ce genre de résultat ? Ceux-ci, bien souvent, ne font que satisfaire les demandes de leurs électeurs. Or les élus des villes sont choisis par les résidents de celles-ci et non par ceux qui sont chassés en périphérie lointaine par la hausse des prix. Ces résidents profitent directement des législations qui élèvent les prix, limitent les constructions (tout particulièrement de logements sociaux) et réduisent la circulation automobile ; ils « gagnent » au fait que des gens aux revenus plus modestes soient chassés du centre, parce que ceux-ci les concurrenceront moins sur le marché du travail. Enfin, les locataires en place sont très avantagés par une législation qui restreint l'évolution de leur loyer. Autrement dit, les perdants de ces mécanismes n'ont pas voix au chapitre dans les instances où ces derniers sont décidés.

Toute intervention réglementaire sur l'immobilier n'est pas néfaste par nature : les caractéristiques de ce marché, le déséquilibre structurel entre propriétaires et locataires, l'importance de la question du logement rendent souhaitables certaines d'entre elles. Mais de l'appel de l'abbé Pierre aux tentes du canal Saint-Martin, l'échec des politiques de logement telles qu'elles sont menées en France est cinglant. Au lieu de soulager la pénurie de logements ou de freiner la hausse vertigineuse des prix, les pouvoirs publics ont largement contribué à entretenir l'incendie. Et comme souvent en pareille circonstance, chaque nouvelle mesure ressemble et ne fait donc qu'aggraver les effets des précédentes. À ce rythme, aucun doute : la crise du logement en France est là pour durer.

Partie IV

Se faire expulser de Davos (ou de Porto Alegre)

13

L'Union européenne est une affaire mal engagée

« La vieille Europe ; elle ne revivra jamais : la jeune Europe offre-t-elle plus de chances ? »

CHATEAUBRIAND

Difficile de le nier, le processus d'unification européenne ne se porte pas bien. Les projets collectifs sombrent dans le verbiage et les effets de manche (comme l'agenda de Lisbonne) ou dans les difficultés techniques (comme Galileo). L'élargissement rencontre de plus en plus d'obstacles ; et, lorsqu'il est directement soumis aux citoyens européens, le projet européen rencontre souvent des refus grincheux, à l'exemple du « non » français lors du référendum pour le traité sur la Constitution européenne.

Il est possible de considérer ces difficultés comme temporaires et résultant d'une crise de croissance, la fin d'un modèle d'évolution de l'Union, ou au contraire de les imputer à une série de circonstances malheureuses, parmi lesquelles la médiocrité et le peu d'attachement des dirigeants des pays européens à la construction d'une union étroite. Mais si c'était l'établissement lui-même d'une Union européenne qui était voué à l'échec ? Et de fait, certains travaux économiques apportent des éléments de réponse, et ils ne poussent pas à l'optimisme envers la tentative d'unification européenne.

D'aucuns se souviendront des interminables débats qu'avait suscités la création de l'euro, sur le fait que l'Europe n'était pas une « zone monétaire optimale ». Les travaux d'économistes portant sur l'apparition et la taille des nations restent en revanche beaucoup moins connus.

La construction d'une unité politique unique en Europe va dans le sens opposé des tendances constatées dans le monde. En 1945, il y avait dans le monde 74 nations indépendantes. Aujourd'hui, on en compte 193. Que s'est-il passé ? Des nations de grande taille se sont fragmentées en unités plus petites. Quelques unités politiques ont certes « fusionné » (réunification en Allemagne ou au Yémen, construction européenne), mais ces exemples semblent bien particuliers au regard d'une tendance générale à la fragmentation des nations. Sans aller jusqu'à la scission, les tendances au séparatisme sont nombreuses (exemple du régionalisme espagnol) et créent une grande demande de décentralisation (comme en Grande-Bretagne). Cela peut aller jusqu'à la violence, soit sous forme terroriste comme en Corse ou au Pays basque, soit sous forme guerrière comme ce fut le cas en ex-Yougoslavie. Dans le même temps, on voit un Samuel Huntington[1] se tailler un beau succès d'édition en s'inquiétant de la fragmentation des USA qui pourrait résulter de la présence d'hispanisants de plus en plus nombreux.

1. Dans son ouvrage *Le choc des civilisations*, Odile Jacob, 1997 pour la traduction française.

Comment expliquer ce phénomène ? Les théories expliquant les déterminants de la taille (géographique et démographique) des nations ne constituent pas une interrogation nouvelle : Platon considérait par exemple que la cité idéale devait être composée de 5 040 familles exactement. La grandeur et la chute des grands États ont toujours été un objet de prédilection pour les historiens. Les économistes, par contre, ont longtemps considéré les nations comme des données exogènes dont l'existence ne constituait pas un objet d'étude. Du moins jusqu'à présent : il existe aujourd'hui au moins deux livres qui montrent ce que les économistes peuvent expliquer sur ce sujet.

Dans *The Word and the Sword*[2], l'économiste L. Dudley a étudié la façon dont certaines innovations – en matière de technologie militaire et de technologie de l'information et de la communication – ont historiquement contribué à déterminer la taille et la forme des États et des nations. Le concept central est celui d'économies d'échelle : lorsque la technologie permet des économies d'échelle en matière militaire, il existe un avantage au grand État, à la fois pour la défense et la conquête de territoires. Les économies d'échelle en matière de communications élèvent la prospérité d'une unité territoriale plus vaste. Les évolutions technologiques déterminent alors une taille théorique optimale des États et leur extension territoriale maximale, au-delà de laquelle l'adhésion des citoyens à la nation aura tendance à diminuer. Dudley applique son modèle à différents cas – la Mésopotamie, Sumer, l'Empire romain, la guerre de cent ans, la constitution de l'Allemagne au 19e siècle, etc. – pour conclure sur une période contemporaine marquée par un essor important de techniques de

2. L. Dudley, *The Word and the Sword*, Blackwell, 1991.

communications réduisant drastiquement la taille optimale des États et des organisations. On pourrait y ajouter une évolution des techniques militaires – guérilla et terrorisme – qui semble conférer des avantages importants aux petites unités et réduire les effets d'échelle des grandes unités militaires. Selon l'auteur, de la même façon que la cavalerie a construit une Europe très fractionnée à la fin de l'Empire romain, les évolutions technologiques actuelles contribuent à réduire la taille optimale des États. On retrouve ce phénomène dans le domaine des entreprises : les évolutions technologiques confèrent aujourd'hui aux petites organisations des avantages par rapport aux grandes ; les grands conglomérats paraissent aujourd'hui moins performants que des entreprises de taille moyenne, et des petites entreprises (par exemple les télécommunications) peuvent fournir aisément, à grande échelle, des services qui étaient autrefois l'apanage de grandes firmes.

Un autre livre portant sur la question de l'évolution de la taille des États est rapidement devenu un classique : il s'agit de *The Size of Nations*[3] de A. Alesina et E. Spolaore. Il rassemble tous les travaux réalisés sur les déterminants de la taille des unités politiques. Celle-ci résulte de l'interaction de deux forces. Un gouvernement est un fournisseur de biens collectifs : dans cette perspective, augmenter la population réduit la charge fiscale moyenne liée à la production de ces biens collectifs. Le coût de certains biens non collectifs mais fournis par l'État (l'éducation par exemple) tend à s'élever moins que proportionnellement lorsque la population augmente ; par ailleurs, un grand pays pourra plus facilement s'offrir la bureaucratie nécessaire aux formes les plus efficaces de taxation, comme l'impôt sur le revenu. De la même façon, un tel pays bénéficiera d'un

3. A. Alesina et E. Spolaore, *The Size of Nations*, MIT Press, 2003.

marché plus étendu et des avantages en termes de division du travail qui s'y rattachent. Il aura la possibilité d'apporter à une région pauvre des ressources en provenance d'une région riche, incitant ainsi les régions pauvres à se rattacher à de plus grands ensembles. Une nation de grande taille offrira également une assurance générale à ses différentes régions (il est possible de transférer des ressources d'une région si l'une d'elles est victime d'une catastrophe naturelle par exemple).

Si l'on ne considérait que ces avantages, un raisonnement optimisateur devrait conduire à un unique État mondial. Mais deux obstacles principaux apparaissent : premièrement, les gains liés à la taille risquent d'être absorbés, à partir d'un certain point, par les coûts croissants de la bureaucratie d'État. Cette objection, cependant, est d'une ampleur limitée, car elle n'apparaît que pour de très grands pays : elle n'explique donc pas la taille des petits pays qui composent l'essentiel des nations modernes. Par contre, plus une nation s'agrandit, plus elle comprendra de groupes adoptant des coutumes, des préférences, des langues différentes. Plus les préférences seront hétérogènes dans un pays, plus il sera difficile de se mettre d'accord sur la fourniture de biens collectifs et de mécanismes redistributifs qui pourraient bénéficier de préférence à un groupe particulier. Pour un citoyen, l'accroissement de la taille de la nation apporte donc des avantages, mais réduit dans le même temps les chances de voir ses préférences entendues par les dirigeants. La croissance de l'État tend donc à diminuer la légitimité des gouvernants perçue par les citoyens. L'étendue finale d'un pays est donc le résultat d'un arbitrage entre avantages économiques de la grande taille et capacité à contenir les préférences de tel ou tel groupe.

Or la mondialisation tend actuellement à réduire l'intérêt de la grande taille pour un pays. La possibilité de réaliser des échanges avec d'autres pays permet à une région d'accéder au marché mondial, d'y trouver les ressources dont elle a besoin à faible prix, et d'y vendre ce qu'elle produit aisément et à un prix élevé. Elle a donc moins besoin de disposer d'un accès privilégié aux autres régions qui composent le pays auquel elle appartient : l'avantage d'appartenir à un grand pays se réduit. Toutes choses égales par ailleurs, on doit donc s'attendre à ce que l'accroissement de l'intégration économique entre les pays élève les tendances séparatistes à l'intérieur des États.

À ces facteurs qui touchent plutôt à la production, il faut en ajouter d'autres touchant à la demande. On constate aujourd'hui une différence majeure entre Américains et Européens en matière d'attentes vis-à-vis de l'État. Aux États-Unis, la conception wébérienne de l'État comme détenteur du monopole de la violence légitime vaut toujours ; le poids des dépenses militaires dans le budget de l'État est élevé, tout comme celui de la coercition interne, marquée par l'importance des services de police et une très forte population carcérale. Les Européens, de leur côté, voient leur gouvernement avant tout comme un fournisseur de services : infrastructures, éducation, et sécurité économique (contre le chômage, la maladie, et les conséquences de la vieillesse). Lorsque les habitants d'un pays européen constatent que leur gouvernement n'est pas capable de fournir ce genre de services de façon satisfaisante, ils le rejettent de la même façon qu'on congédie un fournisseur incompétent. Le rejet de la Constitution européenne en 2005 ressemblait plus à l'agacement de consommateurs face à la médiocrité des hotlines informatiques qu'à l'adhésion idéologique au discours souverainiste.

Mais dès lors que l'État est considéré comme un prestataire de services, l'importance de la taille du territoire diminue à son tour. Les économies d'échelle qui existent en matière militaire sont beaucoup moins marquées quand il s'agit de fournir des services d'assurance ou de sécurité. La confiance interne et un certain degré d'homogénéité de la population deviennent des facteurs beaucoup plus importants. On constate sans surprise que les pays européens capables d'entretenir un système social développé sans nuire à leur prospérité sont plutôt des pays petits ou moyens, comme les pays nordiques, et qu'à l'inverse, les grands États providence corporatistes comme l'Allemagne, l'Italie ou la France se trouvent en difficulté.

Au vu des analyses économiques, la volonté de construire une union « toujours plus étroite » entre États européens va donc à l'encontre de tendances lourdes de notre époque, plus favorable aux petites nations, à la fois du fait de la mondialisation (qui réduit le « coût » d'appartenir à un petit pays) et des technologies qui confèrent une prime aux unités politiques de petite taille. La tendance à refuser les transferts dans une Europe vaste aux préférences hétérogènes a largement contribué à l'échec de la Constitution européenne. Faut-il en conclure que toute perspective d'unification européenne est vouée à l'échec ? Pas forcément. Tout d'abord parce qu'il serait présomptueux de supposer que l'avenir devra inéluctablement ressembler aux soixante dernières années : la technologie change (imaginons par exemple l'effet de l'invention d'un système de traduction automatique orale qui permettrait aux Européens de converser aisément entre eux sans l'obstacle linguistique), et il n'est hélas pas impossible d'assister à un retour du protectionnisme qui conférerait de nouveau aux grandes unités politiques des avantages. D'autre part, parce que les promoteurs de l'Union européenne ont toujours prôné un mode inédit d'organisation politique, à la fois décentralisé et respectant le principe de « subsidiarité » tout en bénéficiant des avantages de l'unification politique autour d'un grand marché. Une telle organisation institutionnelle est-elle réalisable ? Il est bien difficile de le savoir.

Mais les récentes difficultés rencontrées par un pays européen – la Belgique – devraient inciter à un certain pessimisme. Beaucoup de choses ont été dites sur les problèmes belges, mais l'économiste ne peut que noter que dans un pays sans obstacles particuliers à la mobilité des individus (à l'exception de la question linguistique), on peut observer de très grands écarts de performance économique. Le PIB en Flandres belges est deux fois et demie supérieur au PIB en Wallonie francophone, et le taux de chômage y atteint 5 % contre 11,8 % en Wallonie. La différence entre Flandres et Wallonie est avant tout une différence économique entre un Nord urbanisé et ouvert sur les flux commerciaux avec ses grands ports et un Sud plus enclavé et fondé sur des industries qui périclitent, beaucoup plus qu'une différence culturelle. La Belgique nous rappelle qu'en matière économique la géographie n'est pas près de disparaître.

À ces différences économiques profondes et durables en Belgique, s'ajoute un autre constat : il est frappant de voir que les institutions politiques de ce pays, son fédéralisme poussé, son degré de redistribution entre régions correspondent à une échelle plus réduite au modèle vers lequel tend l'Union européenne en essayant par la subsidiarité de placer les responsabilités et le pouvoir au niveau adapté, et de compenser les différences de richesse par la redistribution. Ce que nous ont montré les difficultés des Belges lors des élections de 2007, c'est que loin d'être le moyen de constituer une forme originale d'organisation politique, ce genre de modèle peut devenir hautement corrosif.

En matière européenne, de façon un peu irritante, le débat est toujours réparti entre d'un côté les « souverainistes », qui déplorent la disparition des prérogatives nationales et s'inquiètent de ce que l'Europe ne parvient pas à devenir une puissance de substitution aux États nationaux, et de l'autre, des partisans de l'Union européenne qui voient au contraire dans une Union européenne toujours plus approfondie le moyen de transcender les difficultés des États et de constituer un ensemble économique vaste et homogénéisé. Or, nous apprend l'analyse économique, les souverainistes oublient trop vite que les États sont aujourd'hui de moins en moins à même de satisfaire les aspirations des citoyens. Les partisans d'une Europe plus unie se bercent quant à eux d'illusions en imaginant pouvoir mieux satisfaire ces besoins. Et si l'économie ne permet pas de trancher entre ces positions, elle éclaire du moins les difficultés rencontrées par l'unification européenne.

14

L'OMC, le FMI et la Banque mondiale ne servent à rien

« The popular view that free trade is all very well so long as all nations are free-traders, but that when other nations erect tariffs we must erect tariffs too, is countered by the argument that it would be just as sensible to drop rocks into our own harbors because other nations have rocky coasts. »

Joan Robinson

Depuis l'échec du sommet de l'OMC à Seattle en 1999, marqué par d'importantes manifestations, les réunions des organisations internationales sont régulièrement perturbées, parfois de façon violente, par des démonstrations collectives ; et de fait, ces organisations font l'objet de critiques particulièrement virulentes. L'affaire a en réalité commencé bien avant, avec les émeutes consécutives à la crise asiatique en 1997, rebaptisées « émeutes FMI ». L'OMC, quant à elle, a été qualifiée dans certains livres de « pouvoir invisible » et comparée à un vampire travaillant dans l'ombre, dont il fallait révéler au monde les noirs desseins. Et en 2008, la réunion du G8 en Allemagne a donné lieu à des manifestations violentes faisant plusieurs dizaines de blessés, dont de nombreux très graves. En 2001, en Italie, il y avait même eu un mort.

Ce déchaînement de passions a quelque chose d'étrange : à bien y réfléchir, le rôle de ces organisations est extrêmement mineur, voire souvent inexistant.

Le G8 ne sert vraiment à rien

Un peu comme le beaujolais nouveau, chaque année, le plus souvent en été, les chefs d'État des « huit pays les plus industrialisés », comme on a fini par les appeler, se réunissent pour discuter des affaires du monde. L'année dernière, par exemple, ont été évoquées les questions de sécurité énergétique, du Proche-Orient, de la nécessité de résoudre les problèmes posés par la pauvreté et le sous-développement et de créer une concertation capable d'écarter les menaces pesant sur la stabilité financière mondiale. Ces sujets semblent effectivement très larges et très importants. D'ailleurs, ils reviennent sur la table… chaque année : l'ordre du jour du G8 de 2008 semble recopié au mot près sur celui du premier G6, en 1975 à Rambouillet.

Ce sont d'ailleurs les sujets qui sont abordés chaque année au G-quelque chose (6, puis 7 avec le Canada, puis 8 avec la Russie). Selon les années et l'humeur des participants, ces réunions aboutissent à une déclaration commune grandiloquente, qui se conclut invariablement par la nécessité de poursuivre la concertation et de se revoir l'année suivante. En exagérant à peine, on peut dire que le programme et la déclaration finale sont recopiés *in extenso* d'une année sur l'autre. Le processus est aussi immuable que totalement inutile.

Pouvez-vous vous souvenir d'un seul G8 ayant produit quelque effet, auquel on puisse rattacher un accord ou un événement quelconque, ou ayant apporté le moindre commencement de solution à un problème ? Si vous avez une bonne mémoire, vous vous souvenez peut-être du sommet de Gênes en 2001, mais surtout pour la mise à sac de la ville par des antimondialistes et la violente répression ayant conduit à la mort d'un homme. À cette occasion d'ailleurs, la déclaration finale avait, originalité suprême, insisté sur la nécessité de « discuter avec les représentants de la société civile ». Peut-être avez-vous aussi gardé en mémoire le sommet de 2005 à Londres : il s'agissait en toute simplicité de « faire disparaître la pauvreté » (*make poverty history*). La seule issue concrète de ces slogans verbeux aura été la création, en France, d'une taxe sur les billets d'avion : le rôle du G8 dans l'affaire a été nul. L'Hexagone n'a pas besoin de l'aide de chefs d'État étrangers pour inventer de nouveaux impôts !

L'observateur attentif au sujet ne manquera pas de remarquer une autre constante. Chaque année, au moment du G8, beaucoup d'articles, rédigés par des gens très intelligents, expliquent que le « bilan du sommet est certes décevant », mais que le principe même de ces grandes discussions est très important, et qu'il ne faut pas les condamner. Et de proposer des solutions pour qu'enfin ces réunions produisent des résultats : créer des comités spécialisés, limiter les discussions aux « gens qui comptent » sur chacun des problèmes... L'argument est toujours le même : dans un monde toujours plus multilatéral, où les problèmes sont de plus en plus internationaux, les solutions se révèlent nécessairement globales, et non nationales.

Et puis ? Rien. Les chefs d'État rentrent chez eux, se donnent rendez-vous pour l'année suivante, et on repart pour un tour. Cet étrange rituel a quelque chose de surréaliste : les puissants de ce monde se réunissent pour discuter de tout et n'arriver à rien, tandis que sous leurs fenêtres se déroulent des manifestations violentes, tandis que les commentateurs attendent désespérément qu'il en sorte quelque chose, tous ces acteurs se retrouvant finalement unis dans la croyance que tout cela est très important ; et dans la régularité de métronome avec laquelle chacun, chaque année, répète inlassablement la même chose.

Certains diront qu'il convient d'aller au-delà des apparences. Au-delà du décorum et des annonces creuses, il se passe des choses dans un G8. On doit y parler, lors de discussions officieuses, de sujets très importants. Étrangement, cette analyse rejoint celle des manifestants, pour lesquels le problème réside justement dans cette opacité : les grands de ce monde se réuniraient en petit comité pour décider en cachette du destin de l'humanité et imposer leur bon vouloir, au mépris des peuples. Sauf que tout cela doit vraiment être bien caché, parce que du G8 il n'est jamais rien sorti.

Mais à quoi donc peut bien servir l'OMC ?

L'Organisation mondiale du commerce dispose elle aussi d'une place de choix dans les institutions abondamment critiquées, comme un pouvoir mystérieux imposant à ses pays membres un libre-échange qui broie les peuples pour le plus grand bénéfice d'une poignée de ploutocrates. Elle s'est vu reprocher aussi de contribuer à la dégradation de l'environnement, d'empêcher les malades du sida des pays pauvres de bénéficier de médicaments, d'encourager à la fois la destruction de l'agriculture des pays pauvres par celle des pays riches et de l'agriculture des pays riches par celle des pays pauvres, le tout, au nom de la promotion du libre-échange mondial. C'est beaucoup, pour une organisation internationale qui affiche à peine plus de dix ans d'existence, et dont le budget annuel est tout juste égal au simple budget « voyages » de la Banque mondiale.

Dans le même temps, étudier le fonctionnement de l'OMC plonge les économistes dans des abymes de perplexité. Et pourtant, s'il existe une communauté intellectuelle favorable au libre-échange, c'est bien la leur. Mais ce qu'ils voient à l'OMC leur semble particulièrement étrange. Ne fût-ce que parce que lors des sommets de l'OMC, l'objectif des pays membres semble être totalement le contraire du libre-échange : chacun s'y rend avec la volonté de maintenir autant que possible ses barrières douanières. Pourquoi les gouvernements viennent-ils alors négocier des choses qu'ils ne veulent pas ?

Plus étrange : si l'extension du commerce et la réduction des obstacles aux échanges constituent l'objectif de cette organisation, elle n'y parvient absolument pas. C'est la conclusion surprenante de l'économiste Andrew Rose[1]. Premièrement, s'interroge-t-il, les pays membres de l'OMC ont-ils des politiques commerciales moins protectionnistes que les pays non membres ? Non : en moyenne, l'adhésion à l'OMC ne conduit pas les pays, par la suite, à avoir des politiques moins protectionnistes qu'auparavant. Deuxième conclusion étonnante : si l'on mesure le commerce entre pays membres de l'OMC et pays non membres, l'appartenance à l'OMC ne semble pas particulièrement amplifier les échanges entre pays.

1. Andrew Rose, « Do we really know that WTO increases trade », *American Economic Review*, 2004, et « Do WTO members have more liberal policies ? », *NBER Working Paper*, 2002.

Ces résultats ont été âprement discutés par d'autres économistes et ne présentent pas forcément une très grande solidité ; d'autres études ont, à l'inverse, conclu à un rôle lié à l'appartenance à l'OMC. Néanmoins, si le but de l'OMC est vraiment d'augmenter les échanges et de réduire les barrières commerciales, elle ne semble pas le faire de façon très efficace.

Et ce n'est pas très étonnant. Si vous vous demandez quelle est la politique commerciale la plus appropriée pour un pays, n'importe quel économiste (c'est d'ailleurs à cela qu'on les reconnaît) vous répondra : l'ouverture unilatérale, l'abaissement des barrières douanières, et ce *indépendamment de ce que font les autres pays.* Joan Robinson avait résumé l'opinion des économistes de façon lapidaire : si les autres pays ont des côtes rocheuses inhospitalières, ce n'est pas une raison pour remplir nos ports de rochers… L'intérêt du commerce international, c'est qu'il permet d'acheter des produits importés moins chers que les productions nationales ; les exportations n'ont pas d'autre intérêt que de payer pour les importations (car les étrangers veulent être payés en produits).

Mais pour pratiquer l'ouverture unilatérale, aucune institution internationale n'est nécessaire. Surtout si son fonctionnement est absurde. Par exemple, si un pays (mettons, les USA) décide de ruiner son industrie en augmentant ses droits de douane sur l'acier (par exemple, européen), les règles de l'OMC permettent à l'Europe à son tour d'appauvrir sa population, à la même hauteur que les États-Unis ont appauvri la leur, en adoptant aussi des droits de douane « de représailles ». Quel est exactement l'intérêt d'avoir le droit de s'infliger des dommages parce que les autres le font ? Et quel est l'intérêt de n'accepter d'accroître son bien-être (en réduisant ses barrières douanières) uniquement si les autres le font ?

Paul Krugman avait bien résumé l'état d'esprit des négociateurs en décrivant la « pensée Gatt » comme obéissant aux trois principes suivants :

Importer, c'est mal.
Exporter, c'est bien.
Toutes choses égales par ailleurs, si importations et exportations augmentent en même temps, c'est bien.

En d'autres termes, la pensée Gatt est du *mercantilisme éclairé*.

Ce mercantilisme est dit « éclairé » parce que sur la base des prémisses fausses du mercantilisme (selon lesquelles le pays s'enrichit lorsqu'il accumule de l'argent en vendant des biens et services), on peut néanmoins aboutir à un résultat satisfaisant : l'abaissement progressif des barrières douanières dans tous les pays. Mais pourquoi les gouvernements des pays négociateurs ont-ils besoin de faire reposer leur raisonnement sur des bases aussi absurdes pour arriver à un résultat qu'ils pourraient atteindre sans aucune négociation ? Le fait est que le libre-échange unilatéral n'est pas, semble-t-il, une politique commerciale très répandue (à l'exception de quelques pays, comme la Nouvelle-Zélande ou Hong Kong, qui d'ailleurs en bénéficient largement). Comment l'expliquer ?

Une explication, peu plausible, est que la majorité des pays sont gouvernés par des ignorants en matière économique, qui adoptent de façon irrationnelle le mercantilisme. Cette explication peut fonctionner pour certains pays, mais n'est guère convaincante. Selon Krugman, la « pensée Gatt », bien qu'aberrante sur le plan économique, fonctionne dans la mesure où l'on prend en compte un élément très important : les processus politiques.

Le raisonnement est le suivant : l'ouverture commerciale a pour avantage de générer des gains nets pour l'économie nationale, mais ces gains ne sont pas répartis de façon uniforme : certains gagnent, d'autres perdent. Et tandis que les gains sont diffusés dans toute l'économie, les pertes sont très localisées. Pour prendre un exemple, il est estimé que le protectionnisme sucrier aux USA apporte chaque année un milliard de dollars aux producteurs, pour un coût de 1,9 milliard de dollars pour les consommateurs. Mais il y a une dizaine de milliers de producteurs de sucre, qui gagnent donc en moyenne 100 000 $ chacun du fait de la protection. Dans le même temps, supprimer celle-ci apporterait aux consommateurs américains un gain annuel moyen de moins de sept dollars. Dans ces conditions, on comprend assez bien que les producteurs de sucre vont constituer un syndicat, subventionner les partis politiques, pour préserver les privilèges dont ils bénéficient au détriment de la population : il y a bien peu de citoyens américains, dans le même temps, qui vont changer leur vote ou protester pour la suppression d'une mesure qui ne leur coûte que sept dollars par an. Un gouvernement qui souhaite être réélu est donc incité à trancher en faveur des intérêts minoritaires, au détriment de la population dans son ensemble.

Dans cette perspective, si le gouvernement veut accroître la croissance du pays par l'ouverture des échanges, il doit trouver des alliés, et notamment les entreprises des secteurs exportateurs (qui apprécient l'abaissement des barrières douanières dans les autres pays). Si le gouvernement obtient donc simultanément une hausse des importations et des exportations, il garantit que son accord aura l'approbation des salariés et des dirigeants des entreprises des secteurs exportateurs, qui viendront contrer les entreprises des secteurs importateurs qui se plaindront de voir leurs revenus diminuer et l'emploi baisser dans leur activité. Du point de vue d'un gouvernement, la « pensée

Gatt » semble donc compréhensible : au bout du compte, neutraliser les groupes de pression et abaisser les barrières douanières lui sont bénéfiques. Faire cela au sein d'une institution internationale lui offre un autre avantage : celui de se lier les mains. Il pourra ainsi rétorquer, si un groupe de pression vient lui demander de lever des barrières douanières (« pour créer des emplois » bien entendu), que ce n'est pas possible, sous peine de trahir les « engagements internationaux » de la nation.

Dans cette perspective, l'OMC n'est pas tant un organe de promotion de la liberté des échanges qu'un lieu où ses membres peuvent convertir leurs velléités protectionnistes dans un contexte apaisé, évitant ainsi l'apparition de conflits commerciaux comme ceux qui se sont produits durant les années 1930.

Ce mercantilisme « éclairé », pourtant, touche à ses limites. En institutionnalisant *de facto* le rôle des groupes de pression sur les politiques commerciales des États, on a inclus dans les négociations commerciales des sujets sans véritable rapport avec celles-ci, comme la question de la propriété intellectuelle. L'OMC s'est ainsi progressivement transformée en vaste organisation de collecte de royalties, ce qui a provoqué l'hostilité de nombre de pays pauvres, qui ont eu le sentiment qu'on leur avait forcé la main. Cette volonté de faire sortir l'OMC d'un rôle cantonné aux échanges commerciaux, jointe à la complexité croissante de négociations menées avec un nombre de pays en constante augmentation, et aux revendications diverses, a également contribué au blocage des négociations. Du coup, les accords commerciaux bilatéraux ou régionaux se multiplient. Aujourd'hui, plus de la moitié du commerce mondial est régi par de tels accords, transformant le système commercial mondial, selon l'expression de J. Bhagwati, en « bol de spaghettis » de plus en plus complexe. De fait, une part de plus en plus importante du commerce mondial échappe aux règles de l'OMC.

Est-ce tellement un problème ? En réalité, OMC ou non, et à l'exception de quelques secteurs comme l'agriculture, le commerce mondial est largement libéralisé. Il n'y a plus grand-chose à attendre de libéralisations ultérieures. Les principaux obstacles au commerce qui subsistent sont les contraintes, notamment réglementaires, qui pèsent sur les transports de marchandises (réglementations, et surtout, état des infrastructures) : l'OMC n'a pas de rôle à jouer dans ce domaine. La seule chose à craindre, c'est qu'en accréditant l'idée selon laquelle le mercantilisme est une bonne chose, on encourage de mauvaises politiques dans différents pays, notamment les pays pauvres. Mais ce sont eux qui en sont les victimes, beaucoup plus que les autres.

La Banque mondiale et le FMI se demandent bien à quoi ils servent

Créée initialement pour financer la reconstruction de l'Europe après la Seconde Guerre mondiale, la Banque mondiale est devenue progressivement un mélange complexe d'agence d'aide au développement, de centre d'assistance technique aux gouvernements, et surtout de prêteur à long terme aux pays pauvres. L'ensemble fonctionne de la façon suivante : la Banque mondiale, dont les actionnaires sont les gouvernements des principaux pays développés, emprunte à des taux très faibles sur les marchés de capitaux ; elle prête ensuite aux gouvernements des pays en voie de développement, avec une faible marge (inférieure à 1 %) qui sert à financer les très nombreuses autres activités de la banque. Dans cette opération, tout le monde gagne *a priori* : les prêteurs qui ont des garanties, les gouvernements emprunteurs qui peuvent s'endetter à un taux largement inférieur à celui de leur niveau de risque, et la Banque mondiale, qui peut financer son activité de recherche et d'assistance technique. Mais cette situation génère deux effets pervers. Le premier, c'est que le portefeuille de prêts de la Banque mondiale présente une forte exposition sur des pays à risques, qui peut lui faire subir d'importantes déconvenues.

L'autre problème, c'est que dès lors que son activité en dépend, la Banque mondiale doit « pousser » des prêts. De ce fait, elle est amenée à prêter à des pays à revenu intermédiaire dont les gouvernements n'ont pas véritablement besoin de prêts bonifiés (songeons que la Banque mondiale prête à la Chine, qui dans le même temps dispose d'un taux d'épargne considérable, reçoit massivement des capitaux, et rachète de grandes quantités de bons du Trésor américain). La Banque mondiale prête également à l'Inde, dont le gouvernement est déjà fort endetté : est-ce bien recommandable ? Elle prête aussi à la Russie, alors que ce pays ne semble pas avoir besoin d'aide au développement spécifique.

À l'époque où la Banque mondiale a été créée, les marchés de capitaux internationaux n'étaient pas assez développés pour que tous les pays puissent y accéder. Ce n'est plus le cas aujourd'hui, et ce système de prêt a des effets délétères. Les activités d'assistance technique posent également problème, dans la mesure où elles sont fournies gratuitement par la Banque mondiale. Cela n'incite pas la banque à améliorer ses mécanismes d'aide et pousse à des orientations multiples, sans cohérence, sans évaluation d'efficacité, et au total à une aide au développement dont l'efficacité est extrêmement limitée.

Le Fonds monétaire international a un rôle différent : ses prêts sont destinés aux gouvernements en difficulté qui ne parviennent plus à obtenir de capitaux auprès des marchés, le plus souvent parce qu'ils se trouvent en situation de crise de balance des paiements ; ses recommandations visent précisément à éviter l'avènement de telles crises. Mais celles-ci, bien souvent, ressemblent à des contraintes lorsqu'elles s'exercent sur des gouvernements ayant besoin de prêts immédiats. Les recommandations du FMI et sa politique ont fait l'objet de critiques innombrables. On lui a reproché d'imposer à des pays un degré excessif d'ouverture de leurs marchés des capitaux, alors qu'ils n'y étaient pas prêts, d'imposer aux gouvernements des plans d'ajustements structurels trop sévères et inadaptés, poussant les citoyens à la révolte, ou encore, de façon un peu contradictoire, d'accorder des prêts trop facilement, incitant les gouvernements des pays pauvres à une mauvaise gestion et provoquant plus de crises. Des pages enflammées ont été écrites sur ce sujet, mais celui-ci a perdu désormais beaucoup de sa pertinence. Que les potions du FMI aient été bonnes ou mauvaises, les gouvernements concernés ne les ont pas du tout appréciées et ont tout fait pour éviter d'en avoir de nouveau besoin. Depuis le début des années 2000, les pays d'Asie, du golfe Persique, d'Amérique latine et la Russie ont massivement accumulé des réserves, qui leur ont permis de rembourser par anticipation leurs prêts contractés auprès du FMI. Au point que celui-ci, de façon ironique, a été surnommé le « Turkish Monetary Fund », parce que près de la moitié de son encours de crédit est constituée d'un seul prêt, accordé à la Turquie en 2001. Cette situation place le Fonds dans une position difficile, dans la mesure où ces prêts lui assuraient un flux de revenus qui lui permettait d'exercer ses autres activités de conseil visant à éviter les crises futures. Cela a obligé Dominique Strauss-Kahn, arrivant à sa direction, à licencier une partie de son personnel et à vendre une partie de son stock d'or pour assurer son fonctionnement.

Dans le contexte actuel, FMI et Banque mondiale cherchent leur rôle. Les circonstances peuvent changer, et ces organisations, retrouver une légitimité. Il est possible aussi qu'elles soient vouées à chercher encore des raisons de leur existence pendant longtemps.

G8, OMC, Banque mondiale, FMI : la disproportion entre l'importance accordée à ces organisations et leur rôle réel reste surprenante. On semble toujours oublier que la Banque mondiale ne détermine pas le développement, que le FMI ne contrôle pas la finance mondiale, que l'OMC ne dirige pas le commerce mondial, et que le pouvoir économique des dirigeants du G8 reste extrêmement limité. Dans d'autres domaines des relations internationales, des exemples de circonstances où un petit nombre de dirigeants ont eu un impact considérable sur l'évolution du monde existent : le congrès de Vienne en 1815, le traité de Versailles en 1919, les accords de Yalta en 1945. À ces époques, ces personnalités avaient un pouvoir authentique, parce qu'elles traitaient des questions se situant à leur niveau, comme la redéfinition des frontières. On notera au passage que les résultats n'ont pas toujours été très heureux. Mais les questions économiques ne se règlent pas ainsi. Elles dépendent des transactions effectuées par de très grands nombres d'individus, de l'apparition de technologies, d'une façon très largement indéterminée.

Appréhender cette complexité et ce caractère hasardeux est une tâche difficile. Tout naturellement, chacun tend à accorder aux intentions des dirigeants beaucoup plus d'influence qu'elles n'en ont réellement. Les uns pour s'imaginer que tous les maux de la terre viennent de là, les autres pour croire que ces mêmes maux pourraient disparaître si seulement ces quelques puissants en venaient à déterminer et adopter les bonnes politiques. Un peu comme nos lointains ancêtres s'imaginaient que les rituels de leurs prêtres pouvaient contrôler la météorologie, nous prêtons aux dirigeants des capacités qu'ils ne peuvent avoir, et eux-mêmes s'attribuent des événements sur lesquels ils n'ont aucune influence. En matière économique pourtant, tout cela n'est guère différent de la danse de la pluie.

15

Les maisons de disque et les laboratoires pharmaceutiques sont des petits malins

« Si je suis élu président de la République, il n'y aura pas de licence globale parce que je crois au respect de la propriété de celui qui écrit, qui compose, qui tourne, qui peint, qui sculpte. Et je n'accepterai pas l'idée du vol organisé sous prétexte du jeunisme et de la société de l'information, parce qu'avec ça on tuera définitivement toute forme de création. »

Nicolas SARKOZY

Une idée circule librement, si on la laisse faire. Une fois inventée, elle ne coûte presque rien à reproduire. Elle peut être utilisée par plusieurs individus en même temps sans que cela ne dégrade la satisfaction de quiconque : une idée est « non rivale ». Quand elle existe, le mieux est qu'on puisse s'en servir. Idéalement, un bien devrait être vendu à son coût marginal (le coût de la dernière unité produite). Or, le coût marginal d'une idée est proche de zéro. Mais si un bien est gratuit, pourquoi le produire ?

Quel est l'intérêt d'investir des ressources pour en voir le fruit accaparé par autrui ?

C'est de ce dilemme qu'est née la propriété intellectuelle. Brevets, marques, droits d'auteur et dessins limitent légalement l'utilisation des idées, créant un monopole sur son usage, au profit de son créateur. La propriété intellectuelle exclut l'usage par une convention sociale qui doit s'efforcer de trouver un équilibre entre incitation à innover et diffusion des idées.

Les droits d'auteur musicaux et les brevets sur les médicaments sont deux sujets parmi les plus emblématiques des débats actuels autour de la propriété intellectuelle. Le téléchargement de musique sur Internet menace-t-il les artistes ? Les brevets sur les médicaments participent-ils à une exclusion du droit à la vie pour certaines populations ?

Le téléchargement musical tue-t-il les artistes ?

L'exploitation d'une œuvre musicale est soumise au respect du droit d'auteur. Internet et les réseaux de pair-à-pair (*peer to peer*, ou P2P) donnent la possibilité de copier des fichiers musicaux à partir d'ordinateurs n'importe où dans le monde, à un coût dérisoire, dans un format numérique (le MP3) qui garantit une bonne qualité de la copie. Le nombre de ces téléchargements a explosé au début des années 2000. Parallèlement, les ventes de CD musicaux ont chuté. L'industrie du disque en a conclu que le MP3 menaçait la filière et qu'il fallait faire cesser la pratique du téléchargement, sous peine de voir disparaître la création musicale et les emplois associés, au profit de pirates dont l'activité ne relève ni plus ni moins que du vol.

Existe-t-il un lien solide entre développement des échanges de fichiers et baisse des ventes de CD audio ? Des travaux empiriques, il ressort que l'évolution des revenus des consommateurs ne peut expliquer la baisse. Ni celle du prix des CD. Encore moins l'émergence de substituts (autres supports d'écoute comme les baladeurs MP3). Une baisse de la qualité de la création musicale ne peut pas non plus être retenue. Autre hypothèse : la fin du cycle de vie du CD. Après son apparition, son développement et une phase de maturité, le CD audio n'attirerait plus les consommateurs, ne serait-ce que parce qu'ils ont reconstitué leurs collections de vinyles et cassettes. Il aurait entamé sa phase de déclin, visible dans les ventes, tandis que la musique téléchargeable aurait pris le relais. Mais l'industrie musicale a raté le coche, laissant sa diffusion aux réseaux de P2P.

Dernière explication : le piratage. Car achète-t-on encore de la musique quand elle est disponible gratuitement ? Paradoxalement, c'est possible. Un effet de substitution conduit certes à troquer de la musique gratuite contre de la musique payante. Mais il existe d'autres effets susceptibles de le contrebalancer. En premier lieu, un effet d'échantillonnage (*sampling*) : la musique est un bien d'expérience dont on ne découvre la qualité qu'après l'avoir consommée. Les réseaux P2P fournissent au consommateur la possibilité de télécharger de la musique et de la « tester » avant de l'acheter. Une situation à la limite plus rentable pour l'industrie du disque que celle où, craignant un achat décevant, le consommateur préfère s'abstenir de consommer.

La musique est, ensuite, un bien soumis à des effets de réseau : plus les individus sont nombreux à en écouter, plus il est intéressant d'en acheter, par un effet d'imitation ou de mode. Le P2P contribue largement à alimenter cette source de diffusion.

Et de fait, certaines études montrent une forte corrélation entre le nombre de téléchargements et l'achat de CD.

Les individus qui téléchargent le plus sont aussi ceux qui consomment le plus de musique payante. D'autres en revanche révèlent des impacts plus nuancés, voire négatifs. En l'état, il faut se rendre à l'évidence : affirmer que tout morceau téléchargé constitue une vente en moins est faux.

Admettons cependant que le téléchargement soit nuisible aux ventes de CD. Peut-on pour autant conclure qu'il menace les artistes ?

L'industrie du disque affirme que télécharger de la musique gratuitement revient à entrer dans une boulangerie, prendre une baguette et ressortir sans payer (variante : entrer à la Fnac et voler un CD). Or, le vol prive un individu de la jouissance de ce qu'il possède. Ce n'est pas le cas lorsqu'un internaute télécharge un MP3. Voler un CD chez un disquaire lui fait subir une perte, dans la mesure où il a dû payer ce CD, qui incorpore un coût de production, de distribution et une ou plusieurs marges de producteurs et intermédiaires (ainsi que des droits d'auteur, etc.). Aucun coût de cet ordre n'est subi lorsqu'un CD est téléchargé. Télécharger gratuitement est illicite. Mais la comparaison avec le vol d'objets coûteux à reproduire est trompeuse[1], même s'il existe potentiellement un manque à gagner, dont on a vu qu'il est complexe à évaluer.

L'autre argument souvent répété est qu'en privant les maisons de disque de revenus, le piratage priverait la société des nouveaux talents de demain, en décourageant les producteurs d'investir dans le lancement d'artistes méconnus.

Le fonctionnement de l'industrie du disque[2] incite à relativiser cet argument. Les grands groupes (les *majors*)

1. La loi parle d'ailleurs de « contrefaçon ».
2. Nicolas Curien et François Moreau, *L'industrie du disque*, La Découverte, 2006.

représentent 80 % du marché du disque. Autour d'eux gravitent des petites sociétés, les « labels indépendants », qui produisent des artistes moins connus. 60 % de leurs ressources sont consacrées à la recherche de nouveaux talents, contre 20 % pour les majors. Ces nouveaux venus trouvent dans les labels indépendants un environnement humain plus propice à leur développement. Mais une fois révélés, ils signent chez les majors. On souligne parfois que les indépendants sont les plus pénalisés par le téléchargement. C'est peut-être le cas. Ce n'est pourtant pas eux qui sont les plus virulents envers le téléchargement. Probablement parce que le téléchargement des œuvres des artistes qui ont signé chez eux offre une occasion de promotion sans coûts, au travers du bouche-à-oreille. Le modèle économique des majors repose sur une logique de *star system*. Très peu d'artistes reçoivent l'essentiel des dépenses de production et de promotion et réalisent l'essentiel des ventes. Le faible coût de reproduction des copies, les caractéristiques de la demande de disques (bien d'expérience, sujet au mimétisme et effets de mode) incitent les producteurs à cibler leurs stratégies sur quelques *blockbusters*. La présence d'autres artistes dans les catalogues correspond à une diversification du portefeuille. Leur production, peu coûteuse, permettra peut-être de déceler la superstar accidentelle. Les majors ne créent pas de variété : ne reste qu'un faible nombre d'artistes, qui se substituent à des myriades d'autres créateurs (sans que la sélection repose sur le talent). Est-ce grave ? Au fond, cela n'a guère d'importance. Il y a toujours eu pléthore d'artistes et la non-apparition de nombreux artistes serait passée inaperçue aux yeux du public. D'autres auraient simplement pris leur place pour constituer l'offre musicale du moment.

Enfin, les artistes seraient lésés par la pratique du piratage, qui affaiblirait leurs revenus et leur incitation à créer. Moins de ventes, donc moins de droits d'auteur, donc moins de possibilité de vivre de son art. On pourrait avancer que Mozart n'a jamais touché un seul centime de *royalties*, en dépit des 626 œuvres produites. Le droit d'auteur, invention du 19e siècle, a peut-être joué un rôle dans la stimulation de la création au 20e siècle, tout en préservant une diffusion des œuvres. Aujourd'hui, la technologie et la non-rivalité des œuvres de l'esprit le mettent à mal dans le domaine musical. Les maisons de disque ont tardé à mettre en place des plates-formes payantes de téléchargement. Pourtant, celles-ci auraient pu facilement émerger : mieux indexées, plus performantes en temps de téléchargement, elles offraient une alternative viable au P2P illégal. Leur développement tardif doit désormais s'efforcer de casser des habitudes de consommation, ce qui rend leur essor plus lent.

Peut-on préserver les revenus des artistes autrement qu'au travers du droit d'auteur ? Hal Varian offre une synthèse des modèles alternatifs au droit d'auteur[3]. On peut agir sur les coûts relatifs de la copie et de l'original. Une copie illégale a toujours un coût minimal, financier et qualitatif. Vendre l'original à un prix modeste rend la copie moins attractive. On peut aussi tenter de poursuivre les téléchargeurs ou instaurer des dispositifs techniques compliquant la copie (mesures de protection technique, les fameux « DRM », *Digital Rights Management*).

Une autre solution est de vendre l'œuvre assortie de compléments physiques ou informationnels. Dans ce cas, la version gratuite est différente de la version payante (*versioning*). Pourquoi par exemple ne pas agrémenter le CD d'un livret, voire d'objets physiques (T-shirt, porte-clés, etc.) valorisés

---

3. Hal Varian, « Copying and Copyright », *Journal of Economic Perspectives*, vol. 19, n° 2, 2005.

par le client ? Ou en faire la clé d'accès à un site Internet comprenant des bonus (vidéos, titres inédits, etc.) ?

Autre alternative : vendre la musique sous forme d'abonnement plus ou moins illimité pour un catalogue d'artistes (*bundling*). La publicité constitue un autre levier de financement. L'artiste peut faire sur son site son autopromotion (notamment de ses concerts ou des biens matériels qu'il propose). Ou accueillir des encarts sans rapport avec son activité. La rémunération peut également être assurée par la surveillance de la diffusion. C'est l'activité de la Sacem. Un autre modèle repose sur une taxation forfaitaire de biens « rivaux », en rapport avec la musique. C'est le principe avancé par les tenants de la « licence légale », qui serait prélevée sur les abonnements Internet, ou de la taxe sur les supports numériques. L'inconvénient de la formule est de faire supporter la taxe indistinctement par tous les consommateurs, qu'ils « piratent » ou non. Pourquoi enfin ne pas « rançonner » les consommateurs ? Le téléchargement d'une œuvre serait libre, chacun pourrait payer ce qu'il souhaite, mais l'œuvre, comme prise en otage, serait diffusée en fonction des sommes perçues. Si les contributions spontanées se révélaient insuffisantes, alors la diffusion du reste de l'album serait stoppée. Reste le mécénat, qui a joué un grand rôle par le passé en matière de financement de la création musicale.

Alors, fi du droit d'auteur ? Un chiffre paraît éloquent : plus des deux tiers des revenus des artistes les plus importants sont issus des concerts et 10 % de la vente de disques. En suivant Varian, il est possible de dire que le modèle économique de la musique de demain ressemblera à un mélange des différentes options, droit d'auteur inclus. Entre la gratuité et l'obsession du droit d'auteur, un compromis paraît réalisable. S'il était refusé, il faudrait admettre à la suite de Florent Latrive que « la propriété intellectuelle, qui était un moyen au service de la création et de la diffusion des savoirs, est devenue une fin en soi »[4].

Les brevets sur les médicaments

Existe-t-il un gain collectif à accorder des brevets sur les médicaments ? S'il est un domaine où les économistes doutent peu de l'utilité des brevets, c'est bien celui-ci. Ce qui ne les empêche pas de s'interroger pour savoir si le système fonctionne bien de façon optimale, en questionnant les incitations des firmes pharmaceutiques à produire des produits utiles et qui soient diffusés le mieux possible.

Un médicament est un produit très coûteux à développer (l'étude la plus citée estime à 280 millions de dollars le coût d'un médicament ayant obtenu une autorisation de mise sur le marché). Son développement est long (une dizaine d'années), notamment du fait de la réglementation, qui impose (heureusement) de nombreux tests sanitaires. Le système du brevet doit inciter les laboratoires à passer outre ces coûts fixes, en espérant une rente sur la vente du médicament. Sans innovateurs, pas de vies sauvées, pourrait-on résumer. Pourtant, le système de brevets a des conséquences déroutantes. Il empêche de soigner des millions de gens malades. Incapables de payer les médicaments, pourtant reproductibles à bas prix, ces personnes, vivant le plus souvent dans les pays pauvres, ne bénéficient pas de la diffusion des connaissances médicales. On peut arguer qu'il s'agit là d'une infamie inqualifiable et que le droit à la vie est imprescriptible puisqu'une molécule

4. Florent Latrive, *Du bon usage de la piraterie*, La Découverte, 2007. Disponible gratuitement sur : http://www.freescape.eu.org/piraterie/.

arrivée au stade de la mise sur le marché est copiable sans difficultés, en très peu de temps.

Mais les laboratoires pharmaceutiques font-ils trop de profits ? Ils répondent que non, car ces profits ont vocation à être réinvestis dans de nouvelles recherches. Mais le sont-ils vraiment ? D'après Frederic M. Scherer, de Harvard, l'analyse des profits des entreprises pharmaceutiques ne plaide effectivement pas pour l'existence de profits excessifs. Outre le fait que les règles comptables ont longtemps surestimé le rendement du secteur, il existe un lien positif entre bénéfices et niveau des investissements en R&D. Cette relation, conforme à ce que prétendent les laboratoires, pourrait provenir d'un comportement de recherche de rentes, qui fait que lorsque les perspectives de profits sont élevées (du fait d'avancées scientifiques fondamentales, plus ou moins autonomes), les laboratoires sont incités à fortement investir pour déposer les premiers les brevets rentables. À l'inverse, lorsque les profits escomptés sont plus faibles, les investissements sont également réduits, maintenant la rentabilité à un niveau équivalent. Il en va de même des dépenses de marketing, élevées dans le secteur. Le constat est donc mitigé : si les firmes n'exploitent pas outrageusement la rente, les efforts pour la capter engendrent une duplication inutile de dépenses parmi les concurrents[5].

Par ailleurs, on peut observer que de nombreux médicaments ne sont pas des innovations notables et que si le vaccin contre le sida est toujours attendu, on compte déjà un certain nombre de molécules aux propriétés proches de celle du Viagra. Indépendamment d'une certaine mauvaise foi dans le propos (si trouver un vaccin contre le

5. Ce gaspillage est comparable à celui évoqué dans le chapitre consacré à la publicité.

HIV était simple, il existerait), l'effort dans la recherche des médicaments les plus utiles n'est pas forcément ce qui guide en priorité l'activité. La taille du marché potentiel est bien plus déterminante, comme l'illustre parfaitement le cas des médicaments soignant les maladies tropicales ou orphelines. En la matière, si des alternatives existent (tel le financement international des achats de médicaments soignant ou prémunissant de ces maladies), on ne peut que constater les limites du système de brevets.

On peut, du reste, s'interroger sur l'ardeur que les laboratoires mettent à défendre leur rente identiquement dans tous les pays. Qu'un médicament soit coûteux à rentabiliser, nul n'en doute. Mais si les consommateurs des pays riches suffisent à le faire, alors pourquoi ne pas le vendre à bas prix dans les pays pauvres une fois que le seuil de rentabilité est atteint ? Il existe des raisons à cela, comme éviter que les riches vivant dans des pays en développement paient le même prix que les pauvres, ou se prémunir contre la contrebande (réimportation des produits dans les pays riches). La raison la plus terre à terre est probablement que puisque les laboratoires ont un droit à disposer du brevet, il n'y a aucune raison pour qu'ils s'en passent... Hélas, en principe, un brevet n'est pas accordé pour créer des comportements malthusiens.

Mais dans quel monde vivons-nous ! Des multinationales s'octroient un droit de vie et de mort sur des populations, avec notre concours ! Les choses ne sont pas si simples. Dans les pays riches, le monopole conféré par la propriété intellectuelle est généralement contrebalancé par des réglementations en matière de fixation des prix, par le biais de l'organisation des systèmes de sécurité sociale (ce n'est pas le cas aux États-Unis, cependant). C'est une sérieuse limite fixée au pouvoir de marché des laboratoires. En plus de cela, il existe des clauses d'exception portant sur le mécanisme dit de « licence obligatoire ». En cas d'urgence sanitaire, le brevet peut être contourné pour permettre la production de molécules génériques (les États-Unis avaient failli l'utiliser suite aux attaques à l'anthrax en 2001 ; un accord sur les prix avec Bayer, dépositaire du brevet, avait finalement été trouvé à l'époque). Et les pays pauvres ? Les accords ADPIC[6], signés en 1994 dans le cadre de l'OMC, ont souvent été montrés du doigt pour leur caractère strict, défavorable aux populations du Sud. Ils prévoyaient pourtant des mécanismes de licence obligatoire. Mais comme la production de génériques n'était pas réalisable partout et que les accords ADPIC limitaient les possibilités d'exportations, la pénurie de médicaments était localement possible. Ce problème a été réglé en 2001, par la « déclaration d'intention de Doha ». Les pays producteurs de génériques peuvent exporter des quantités importantes vers les pays les plus pauvres. Deux problèmes de taille subsistent. Le premier, c'est que les médicaments génériques exportés doivent recevoir une autorisation de l'OMS. Or, ce processus est long, trop long. Le second, c'est que les accords multilatéraux signés à l'OMC n'empêchent pas la conclusion d'accords bilatéraux portant sur la propriété intellectuelle. Certains sont plus restrictifs et suffisamment incompréhensibles pour limiter, au moins à court et moyen terme, les possibilités de recours à l'importation de génériques. S'ils sont signés, c'est qu'il s'agit généralement d'une contrepartie à l'ouverture commerciale des marchés des pays développés, notamment agricoles.

Le médicament est un cas d'école : le système des brevets, quoique utile, pour ne pas dire indispensable, montre cependant que la propriété intellectuelle n'est jamais qu'un optimum de second rang.

---

6. Aspects des droits de propriété intellectuelle qui touchent au commerce.

16

La corruption, c'est comme les impôts

> *« D'évidence, la pire incitation contre la croissance à laquelle font face les dirigeants des pouvoirs publics est la tentation de voler tout ce qui n'est pas boulonné au sol. »*
>
> William EASTERLY

> *« La corruption, c'est l'inverse de la morale. Un vrai homme, jamais y se laisse corrompre ! Jamais ! (...) "Pitain, corrompu", ce mot y salit l'esprit. Mais y salit aussi la bouche de celui qui le dit. »*
>
> La marionnette d'Éric CANTONA, dans l'émission *Les Guignols* sur Canal+

Les économistes considèrent que la corruption nuit à la prospérité. C'est une bonne nouvelle, direz-vous. Oui, mais, comme le remarque l'économiste du développement William Easterly[1], chercheur à l'université de Columbia à

1. William Easterly, *The Elusive Quest for growth*, 2001, MIT Press, traduit en français sous le titre *Les pays pauvres sont-ils condamnés à le rester ?*, Les Éditions d'Organisation, 2006.

New York, parmi les pays notoirement corrompus, certains réussissent parfois très bien en matière de croissance. La corruption n'a pas toujours des conséquences catastrophiques sur la croissance. Comment expliquer ce paradoxe ?

Il existe deux principaux indices internationaux sur la corruption. L'un est publié dans l'*International Credit Risk Guide*, l'autre par l'ONG Transparency International (voir Tableau 16.1). Il ressort de ces publications que la corruption est un phénomène général qui touche tous les pays. Mais à des degrés évidemment très divers. Ainsi, à chaque nouvelle publication de l'indice perçu de corruption, la France hérite d'un « piètre » classement, aux alentours de la 20e place. La situation des pays les plus pauvres reste beaucoup plus préoccupante.

Tableau 16.1 - Extrait du classement Transparency International, selon l'index de corruption perçue, 2007.

Classement	Pays	Classement	Pays
1	Danemark	17	Irlande
1	Finlande	17	Japon
1	Nouvelle-Zélande	19	France
4	Singapour	20	USA
4	Suède	...	...
6	Islande	168	Laos
7	Pays-Bas	172	Afghanistan
7	Suisse	172	Tchad
9	Canada	172	Soudan
9	Norvège	175	Tonga
11	Australie	175	Ouzbékistan
12	Luxembourg	177	Haïti
12	Royaume-Uni	178	Irak
14	Hong Kong	179	Birmanie
15	Autriche	179	Somalie
16	Allemagne		

La corruption n'est pas un privilège de pays pauvre

Pour l'OCDE, « la corruption sape la confiance de l'opinion dans les institutions politiques et aboutit à un mépris de l'État de droit ; elle fausse l'allocation des ressources, provoque un gonflement des dépenses dans les marchés publics et porte préjudice à la concurrence sur le marché. Elle produit des effets dévastateurs sur l'investissement, la croissance et le développement. Qui plus est, la corruption impose un prix extraordinairement élevé aux pauvres en leur fermant l'accès à des services vitaux ». Cette description des méfaits de la corruption est absolument universelle. Institutions politiques décrédibilisées, marchés publics faussés, argent public détourné de la production de biens publics. Si vous ne reconnaissez pas là certains thèmes fréquemment évoqués dans l'actualité française, c'est que vous revenez du pôle Nord, après de très longues années de vie en ermite. Comme le remarquent Edward Glaeser et Raven Saks, de l'université de Harvard, dans le cas des États-Unis, « entre 1990 et 2002, plus de 10 000 responsables gouvernementaux ont été convaincus d'actes de corruption, tels que conflits d'intérêt, fraude, non-respect des règles de financement des campagnes électorales et obstruction à la justice ». Soit plus de 800 par an.

Si les analyses se concentrent souvent sur les pays pauvres, il faut donc se garder d'un regard condescendant ou exagérément culturaliste à leur égard. Ce qui en fait un terrain de réflexion privilégié est la gravité des conséquences de la corruption pour les populations dans des pays où la part des ressources détournées est plus importante que dans les pays riches. En 2001, l'État angolais a vu disparaître un milliard de dollars de revenus du pétrole, ce qui représente l'équivalent de trois fois l'aide humanitaire accordée au pays cette année-là ! Les habitants des pays pauvres ne sont pas génétiquement plus corrompus. La corruption s'y voit tout simplement plus[2]. Au surplus, sans verser dans le travers inverse, on ne doit pas négliger le rôle joué par les firmes des pays riches dans le marché de la corruption des pays en développement.

La corruption consiste à obtenir des avantages personnels, par l'usage des pouvoirs conférés par un statut public, au détriment de la mission d'intérêt général confiée. Il en va ainsi du fonctionnaire qui accorde un permis de construire en échange de faveurs ou du policier qui vous autorise à continuer votre route en échange d'une amende qui ne finira jamais dans les caisses de l'État.

Pour l'homme de la rue, la corruption est avant tout moralement insupportable. L'analyse des économistes laisse le plus souvent ces aspects de côté pour se consacrer à l'étude des conséquences purement économiques de la corruption[3].

---

2. Mobutu Sese Soko a ainsi détourné 5 milliards de dollars durant son règne sur le Zaïre. Mohamed Suharto aurait capté le double en Indonésie et Ferdinand Marcos a négligemment allégé les Philippines de la modique somme de 35 milliards de dollars.
3. Certaines conséquences de la corruption peuvent être moins perceptibles *a priori*. Ainsi, le détournement de fonds dans la construction de bâtiments peut être à l'origine de drames lorsque les normes de sécurité destinées à préserver la santé ne sont plus respectées. Soit parce qu'on récupère les charges de la corruption en réduisant les coûts de production, soit parce qu'on paie pour ne pas avoir à respecter les normes de sécurité. La Corée du Sud en 1999 et la Turquie en 2004 ont ainsi vu des maisons s'écrouler lors de tremblements de terre en raison de constructions incompatibles avec les normes sismiques.

Un phénomène coûteux

Il est avéré que plus la corruption est importante, plus la croissance est faible. Le taux d'investissement (le rapport entre l'investissement et le PIB) dans les pays les plus corrompus est plus faible que dans les pays moins corrompus. Quand une partie non négligeable de vos projets est captée, sans aucune contrepartie, par des fonctionnaires véreux, vous avez tendance à investir plutôt moins que plus.

Bien évidemment, on pourrait objecter que si l'individu corrompu réinvestit ses prises, l'influence globale sur l'investissement peut être partiellement ou totalement annulée. Malheureusement, les spécialistes du détournement de fonds publics sont plus fréquemment des amateurs de demeures luxueuses que des entrepreneurs géniaux (et quand ils le sont, il est évidemment rare qu'ils investissent massivement les fonds détournés dans leur propre pays). On relève parfois qu'un fonctionnaire corrompu, qui capte d'autant plus de pots-de-vin qu'il traite de nombreux dossiers, est incité à travailler plus dur ou que la corruption permet de passer outre des réglementations économiquement paralysantes. Au total, pourtant, les vertus économiques de la corruption ne sont que rarement louées. Paolo Mauro, économiste italien travaillant au sein du FMI, est l'un des premiers à avoir étudié en profondeur l'impact de la corruption sur la croissance et l'investissement[4]. Il conclut à un effet macroéconomique très significatif sur le taux d'investissement, qui peut

4. Comme le remarque Easterly, l'intérêt pour la corruption comme facteur inhibant de la croissance n'est pas très ancien. On peut citer le travail de Paolo Mauro, « Corruption And Growth », *Quarterly Journal of Economics*, 110, n° 3, août 1995.

atteindre jusqu'à plusieurs points de pourcentage, ce qui est proprement énorme. Des études ultérieures pondèrent ce jugement, sans que leurs auteurs soient pour autant en mesure de conclure à l'absence d'effet de la corruption sur la croissance.

C'est aussi du côté des effets indirects qu'il faut se tourner pour comprendre le caractère nuisible de la corruption en termes de croissance et de développement. En réduisant la qualité des infrastructures publiques, en limitant les revenus fiscaux, en incitant les individus les plus talentueux à rechercher des rentes par la corruption plutôt qu'en exerçant leurs talents productifs, ou en modifiant le montant et la composition des dépenses publiques, la corruption mine l'environnement de la croissance économique. Les pertes de revenus fiscaux (et les déficits budgétaires qui en découlent) ou l'affectation des dépenses publiques selon un schéma de prévarication peuvent avoir des conséquences dramatiques en matière de capital humain[5] (et donc de croissance). Même chose pour d'autres infrastructures publiques dont le rôle est jugé primordial dans la croissance et le développement (routes, justice, etc.). La solidité des institutions politiques, au premier rang desquelles l'économiste place souvent la sécurité du cadre juridique, est mise à mal par la corruption.

5. Les économistes définissent le capital humain comme les caractéristiques qui rendent un individu apte à s'intégrer à un processus de production. Il inclut donc principalement l'éducation et la santé, mais aussi l'expérience acquise sur le tas ou « apprentissage par la pratique ».

Des causes multiples

Quels sont les facteurs qui favorisent la corruption ? Pour Jakob Svensson, de l'université de Stockholm, et William Easterly, l'un des facteurs de corruption est la polarisation ethnique. Dans les pays qui sont fractionnés en groupes ethniques, il y a souvent sinon des tensions du moins une compétition dans l'appropriation des ressources publiques. Celle-ci existe indépendamment de la corruption, mais elle la renforce, chaque ressource prélevée sur le pot commun étant, *de facto*, soustraite des ressources d'un groupe dont l'individu corrompu se soucie peu. Svensson a du reste observé que l'afflux d'aide étrangère dans ces pays se traduit par un accroissement de la corruption.

Les pays dotés d'institutions favorisant l'existence de « rentes » sont plus exposés à la corruption. Ainsi les restrictions au libre-échange (droits de douane élevés, quotas d'importation, normes abusives, etc.) sont fréquemment mentionnées comme source de corruption : un marché peut se créer entre douaniers et importateurs pour contourner les barrières douanières à un coût inférieur au droit de douane officiel. De même, les réglementations imposant une licence d'importation pour les biens créent un marché noir de ces licences, qui alimente la corruption. Le contrôle des changes est aussi une source de marché noir des devises[6].

Parmi les autres facteurs, la qualité des institutions joue un rôle crucial. De moins « bonnes » institutions conduisent à plus de corruption. Des fonctionnaires bien payés, bien formés, et stimulés par des incitations à la probité

---

6. Des fonctionnaires détiennent des licences les autorisant à acheter des devises. Ils peuvent alors servir d'intermédiaires pour contourner les restrictions, moyennant rémunération.

sont moins susceptibles d'enfreindre la loi. Un État de droit solide décourage la corruption, en augmentant la probabilité d'être sanctionné par les tribunaux. Une administration efficace, qui ne multiplie pas inutilement les formalités et les guichets, génère nettement moins d'opportunités de fraude. En revanche, d'après Glaeser et Saks qui ont travaillé à partir des données des États américains, il ne semble pas exister de lien robuste entre la taille du gouvernement, l'importance de la régulation publique et la corruption. Le degré de respect des contrats et les faibles risques d'expropriation constituent, enfin, un autre élément critique (ils relèvent de la sécurité du cadre juridique). Un haut niveau d'éducation semble freiner la corruption, dans la mesure où des électeurs mieux éduqués sont plus susceptibles de contrôler, toutes choses égales par ailleurs, les représentants des pouvoirs publics.

La corruption est plus ou moins néfaste

Mais comment expliquer que des pays très corrompus aient connu une croissance nettement plus forte que d'autres pays aussi corrompus ? L'analyse économique suggère une réponse tout aussi troublante qu'imparable. Imaginez que, alors que vous voulez investir dans un pays étranger, un fonctionnaire local vienne vous voir et vous dise : « Tu vas devoir me verser 10 000 €, si tu veux t'installer. J'ai le tampon et sans lui, tu es mort. » Vous faites vos calculs et constatez que votre investissement reste rentable net du prix du coup de tampon (que vous feriez bien manger à ce *bachi-bouzouk*, mais c'est une autre histoire). Que faites-vous ? À moins d'en faire une question de principe (mais, c'est bien connu, en affaires, il n'y a pas d'autres principes que comptables), vous payez les 10 000 € et vous vous installez.

Imaginons maintenant qu'un indigne représentant de la république bananière où vous avez décidé d'implanter une filiale vienne vous demander 10 000 € en échange de l'accord de licence d'importation de matériaux propres à la construction de locaux industriels (formulaire FGY 6289 005 B, version carbonée). Vous acceptez et les versez. Mais, cette fois-ci, sorti d'on ne sait où, un autre vous fait remarquer qu'il est l'heureux dépositaire du formulaire FGY 6289 005 C, assurément indispensable à la concrétisation de votre dossier (comment, son collègue ne vous avait pas prévenu ?) et vous réclame 5 000 € pour la solennelle délivrance du précieux sésame. De deux choses l'une, soit l'investissement est encore rentable et vous pouvez être tenté d'accepter, soit il ne l'est plus et vous rentrez chez vous en maudissant ce pays qui vous a coûté 10 000 € pour rien (la satisfaction d'avoir finalement étouffé un membre de l'administration locale ne compte pour rien). Notez que ce pays est peut-être le vôtre. Même en admettant que l'investissement soit encore rentable, compte tenu des sommes déjà versées, qui vous dit qu'il n'y aura pas d'autres voraces fonctionnaires pour venir réclamer leur part ? Investisseur froid craint le (pot de) vin chaud, comme dit le proverbe.

Dans la première histoire, comment appeler ce prélèvement ? De la corruption. Et dans la seconde ? De la corruption. Sauf que le premier a des airs connus. Il ressemble étrangement à un impôt. Comme lui, il est prévisible, d'un montant connu à l'avance : chaque « prestation » a un prix catalogué, de la même façon qu'un impôt ou une taxe dépendent d'un taux et d'une assiette clairement définis, de manière qu'ils ne faussent pas le calcul économique ; d'autant plus qu'il est forfaitaire dans ce cas précis[7]... Or, indépendamment de leur utilité économique et sociale, les impôts n'empêchent pas tout investissement, comme on peut le constater assez communément. Le second cas n'a rien à voir. Les versements et le nombre de paiements à réaliser sont visiblement inconnus. L'investissement a tout lieu d'être très largement découragé.

Ce qui caractérise généralement le premier cas est une corruption organisée, centralisée. L'organisation de la corruption est dotée d'une chaîne hiérarchique. Les échelons du bas sont rémunérés par ceux du haut, qui opèrent un seul prélèvement, dont l'objectif est de maximiser les revenus de l'organisation dans son ensemble. Le partage de la rente a lieu *a posteriori* entre les membres. En quoi cette pratique préserve-t-elle l'investissement ? Elle est le résultat d'une décision rationnelle du chef du réseau, qui intègre les motivations des investisseurs dans son calcul personnel. S'il fixe le pot-de-vin à un montant trop élevé, il ne verra jamais un seul investisseur se présenter à lui. Il opère en quelque sorte comme un monopole : il est l'offreur unique d'un bien (l'autorisation d'exercer) ; il a néanmoins face à lui une demande qui réagit au prix. Il peut fixer le prix de façon à maximiser ses revenus en tenant compte de la disposition à payer des clients, qui n'est pas infinie. Il prélève sur l'investisseur une part du profit que celui-ci espère dégager de son projet. Tout comme le monopole ôte une partie de la satisfaction du client sous la forme d'un prix plus élevé. Un monopole est malthusien, en ce sens qu'il ne produit généralement pas

7. La théorie économique donne une place particulière à l'impôt forfaitaire (*flat tax*), dans la mesure où il a comme caractéristique de ne pas modifier les choix économiques des agents économiques, contrairement à un impôt proportionnel ou progressif. En pratique, pour des raisons généralement liées à la justice sociale, ce type d'impôt est peu fréquent.

la quantité de biens que le marché pourrait absorber dans des conditions de concurrence. De fait, le pot-de-vin élimine les investisseurs dont les espoirs de profit sont déjà limités avant le prélèvement. Or, sans celui-ci, ces investissements seraient rentables et réalisés. Bref, dans un système centralisé de corruption, on peut très bien avoir investissement et croissance, même si ce n'est pas la meilleure situation envisageable.

À son niveau, le chef du réseau centralisé se conduit de façon à ne pas « tuer la poule aux œufs d'or ». Dans un système décentralisé, les chances de voir l'investissement se maintenir à un niveau correct sont minces. La ressource commune que constituent les droits contrôlés par les individus corrompus est exploitée par chacun, sans tenir compte du fait que les autres feront de même. En économie, cette situation fait référence à la notion de « tragédie des communs », mécanisme qui montre que l'absence de droits de propriété sur une ressource, excluant la possibilité d'un marché organisé, conduira à l'extinction de la ressource en l'absence d'un substitut au marché. En l'occurrence, l'organisation hiérarchique de la chaîne de corruption représente une forme de substitut et un moindre mal, en préservant la ressource.

Les exemples de pays où la corruption n'a pas annihilé la croissance existent. Easterly cite l'Indonésie sous le règne de Suharto. La Chine, dont le classement plus que médiocre en matière de corruption n'a d'égal que l'ampleur de son taux de croissance, correspond aussi à ce cas, tout comme le Vietnam. De manière générale, les économies émergentes du Sud-Est asiatique constituent souvent de bons exemples. On constate en général que les pays concernés sont dotés de structures bureaucratiques fortes. L'effet de la corruption est ainsi jugé plus dévastateur dans la Russie d'aujourd'hui que dans l'ex-Union soviétique.

Avant de conclure, revenons sur un point qui peut troubler les esprits. Corruption et impôts seraient équivalents, dès lors que la corruption est centralisée ? Non. Les recettes de la corruption sont accaparées non pas par l'État mais par certains de ses représentants. Elles ne contribuent donc pas aux recettes fiscales de l'État, qui servent à financer des biens publics, jugés utiles à la communauté. Dans une démocratie, le Parlement détermine démocratiquement une base et un taux d'imposition pour chaque ressource fiscale. L'affectation des ressources fiscales fait également l'objet d'une délibération démocratique. Les élections sont destinées, entre autres, à opter pour une autre politique fiscale, si une majorité se dégage en ce sens. Ce qui n'est évidemment pas le cas de la corruption, dont le consentement est acquis par la violence, sans aucun débat. En outre, les coûts de transaction associés à la corruption sont plus élevés que ceux liés au paiement des impôts et taxes, dans la mesure où ils impliquent, même dans la forme centralisée, une gestion du secret qui n'a pas lieu d'être concernant les taxes[8].

La corruption a globalement des effets négatifs sur la croissance et le développement, et ce quelle que soit sa forme. La leçon que l'on peut retenir de ce qui précède est que si l'on ne peut échapper à la corruption, il faut espérer qu'elle soit centralisée. Entre deux maux…

8. Comme toute activité illicite, la corruption pose des problèmes de mesure statistique. Hormis des cas individuels et isolés, sa quantification n'est pas satisfaisante à ce jour.

Partie V

Rendre son psy complètement fou (ou encore plus qu'avant)

17

Le bonheur est une question économique

> *« La plus laborieuse des époques, la nôtre, ne sait que faire de son labeur, de son argent, si ce n'est plus d'argent, plus de labeur. »*
>
> F. Nietzsche

I got a lawyer and a manager
An agent and a chef
Three nannies, an assistant
And a driver and a jet
A trainer and a butler
And a bodyguard or five
A gardener and a stylist
Do you think I'm satisfied ?

Madonna, *American life*

Les Français, paraît-il, broient du noir, sont déprimés, inquiets et malheureux. Ils ont beau vivre dans l'un des pays les plus prospères du monde, jouir d'un confort matériel inédit dans l'histoire de l'humanité, il ne se passe guère de jour sans que l'on entende parler de la sinistrose ambiante. Selon une tradition nationale solidement établie, pour traiter ce problème, une commission s'imposait : c'est ainsi qu'en janvier 2008 le président français a décidé de confier le traitement de la question à une *task force* largement composée d'économistes et ne comprenant pas moins de quatre Prix Nobel (J. Heckman, T. Kahnemann, A. Sen et J. Stiglitz). L'idée était de résoudre ce paradoxe : si vraiment les Français ont une vision très négative de leur situation, comment se fait-il que les indicateurs économiques n'en rendent pas compte et s'obstinent à affirmer que nous sommes de plus en plus prospères ? Et si en n'utilisant que des indicateurs quantitatifs et matérialistes, comme le PIB, pour mesurer le progrès économique l'on passait à côté de l'essentiel ? Les membres de la commission ont donc pour mission de suggérer de nouveaux indicateurs statistiques, qui permettraient de corriger les faiblesses du PIB et de mieux rendre compte du bien-être (ou du mal-être) de la population et de son niveau de vie. Une mission de réflexion identique a été constituée au Royaume-Uni : la question de la mesure du bonheur, et de son lien avec la prospérité matérielle, constitue un sujet particulièrement à la mode parmi les économistes.

C'est d'ailleurs une forme de retour aux sources : l'analyse économique s'est intéressée très tôt à la question du bonheur, en la distinguant de celle de l'accumulation des choses matérielles. Au 19e siècle, l'utilitarisme, fondé par J. Bentham et John Stuart Mill, est devenu la doctrine dominante de la discipline, la « maximisation du bonheur collectif » étant l'étalon qui permet de juger les questions politiques et économiques. L'utilitarisme est défini par Bentham[1] de la manière suivante : « Par *principe d'utilité*, on entend le principe selon lequel toute action, quelle qu'elle

1. J. Bentham, *Introduction to the principles of morals and legislation*, 1789.

soit, doit être approuvée ou désavouée en fonction de sa tendance à augmenter ou à réduire le bonheur des parties affectées par l'action. [...] On désigne par *utilité* la tendance de quelque chose à engendrer bien-être, avantages, joie, biens ou bonheur. » Dans cette perspective, la prospérité, la liberté, les droits individuels valent parce qu'ils rendent les individus heureux. Un exemple d'application de l'utilitarisme aux questions économiques est celui de la progressivité de l'impôt : si 100 € supplémentaires accroissent la satisfaction d'un individu pauvre plus que celle d'un individu riche, alors il est légitime de redistribuer, au moins partiellement, les revenus des riches vers les pauvres.

Assez rapidement, l'utilitarisme économique s'est heurté à divers obstacles. L'obstacle principal est l'impossibilité pratique de mesurer le niveau de bonheur d'un individu et de le comparer à celui d'autres personnes. Du coup, les jugements sur les questions économiques se sont centrés sur des quantités mesurables, comme la croissance économique, avec l'idée sous-jacente qu'avoir plus de choses rendait certainement plus heureux qu'avant – après tout, les gens semblent chercher à avoir plus, cela ne doit pas être sans raison. Pourtant, les économistes n'ont jamais abandonné l'idée que la richesse matérielle est avant tout un moyen et non une fin en soi.

Ils ont donc cherché à résoudre la question centrale de mesure du bonheur et des facteurs qui effectivement accroissent le bonheur individuel. La mesure du bonheur peut s'effectuer à l'aide de techniques directes ou indirectes, qui ont toutes des défauts. La mesure directe du bonheur peut, au moins en théorie, se faire à l'aide de l'imagerie médicale du cerveau : c'est un domaine de recherche appelé « neuroéconomie » qui consiste à utiliser les connaissances sur la structure du cerveau (les différentes zones du plaisir, de la gratification) pour identifier lors d'expériences, à l'aide de scanners mesurant l'activité cérébrale, l'intensité et les causes du bonheur individuel. En l'état, ces techniques ne sont guère fiables, et on peut supposer que les protocoles expérimentaux rendent l'évaluation des résultats difficile (seriez-vous heureux si vous vous trouviez dans un laboratoire, des électrodes sur la tête, entouré de gens en blouse blanche qui vous demandent comment vous vous sentez ?). Mais il est possible que ces techniques s'améliorent et qu'il devienne possible de mesurer, effectivement, le bonheur d'une personne.

En attendant, on mesure le bonheur selon des techniques moins directes. La première d'entre elles consiste à déduire le niveau de bonheur d'autres facteurs, comme le taux de suicide dans un pays. Mais ces méthodes ne sont pas très satisfaisantes car elles ne permettent pas de savoir quel est le sens de la causalité : si on peut supposer qu'une personne qui se suicide était très malheureuse, tous les gens malheureux ne se suicident pas. Reste la dernière méthode, qui consiste à recourir à des mesures sur le long terme, en demandant à des gens d'évaluer subjectivement leur niveau de bonheur et de le placer sur une échelle de 1 à 10[2]. Jointes à d'autres mesures, celles-ci permettent de mettre en évidence un certain nombre de choses intéressantes, comme les facteurs déterminant, ou réduisant, le bonheur individuel.

En matière économique, cela a permis de mettre en évidence un phénomène intéressant, connu sous le nom de paradoxe d'Easterlin[3]. Dans chaque pays, on constate que

---

2. Les statistiques concernant ce sujet, sur le long terme, sont regroupées par le world values survey : http://www.worldvaluessurvey.org/.
3. Du nom de l'auteur, R. Easterlin, qui l'a décrit dans cet article : « Does economic growth improve the human lot ? Some empirical evidence » dans Paul A. David et Melvin W. Reder (éd.), *Nations and households in economic growth: essays in honor of Moses Abramovitz*, Academic Press, Inc, 1974.

le niveau de bonheur suit le niveau de richesse : les plus riches se déclarent en moyenne plus heureux que les plus pauvres. Mais au fur et à mesure que le revenu de chacun augmente, sous l'effet de la croissance économique, la proportion de gens heureux n'augmente pas. Bien que les citoyens des pays développés aient vu leur niveau de vie multiplié par quatre en cinquante ans et que les classes moyennes d'aujourd'hui soient infiniment plus riches que les plus riches de l'époque, cela ne semble pas avoir eu d'influence notable sur leur niveau de bonheur déclaré. Dans les différents pays étudiés, on constate que le bonheur de la population s'accroît jusqu'à un revenu d'environ 15 000 € par an, puis stagne même si le revenu augmente : à partir de ce seuil, le paradoxe d'Easterlin s'applique. Globalement, dans les pays développés, le niveau de bonheur est resté inchangé, voire a légèrement diminué, au cours des cinquante dernières années, alors même que le niveau de vie a été multiplié par quatre. La sagesse populaire nous dit que l'argent ne fait pas le bonheur : le paradoxe d'Easterlin nous indique que ce n'est pas tout à fait exact (les riches sont plus heureux que les pauvres) mais que l'enrichissement ne rend pas plus heureux.

L'existence du paradoxe d'Easterlin a été contestée : certaines études, refaisant des statistiques du même type, ne l'ont pas observé et ont constaté que les habitants des pays riches étaient effectivement plus heureux que ceux des pays pauvres ; selon elles, le paradoxe d'Easterlin ne résulte que de statistiques de mauvaise qualité. Néanmoins, même ces études aboutissent à la conclusion que les gains en bonheur issus d'une prospérité accrue ne sont pas très grands, que de nombreuses autres variables sont beaucoup plus importantes. Le paradoxe, en somme, c'est que nous accordons un intérêt énorme à la prospérité, que la recherche de celle-ci occupe une très grande part des préoccupations publiques, que sa mesure (le PIB et sa croissance) fait l'objet d'une attention considérable, alors même que nous ne sommes même pas certains qu'une prospérité plus grande conduise à un bonheur plus grand.

Comment expliquer ce paradoxe[4] ? La première raison, c'est que nous avons tendance à nous adapter aux circonstances, bonnes ou mauvaises. Cette capacité d'adaptation est largement supérieure à ce que nous croyons. À votre avis, quel serait l'effet sur votre niveau de bonheur de devenir paraplégique à la suite d'un accident ? À cette question, la majorité des gens ont tendance à répondre que l'effet serait très négatif. Pourtant, ce n'est pas ce que l'on observe. Si effectivement les victimes d'un accident qui deviennent paraplégiques sont sur le moment extrêmement malheureuses, elles reviennent très rapidement à leur niveau de bonheur déclaré d'avant l'accident[5]. La capacité de résilience humaine face à l'adversité est extrêmement forte. Cette capacité d'adaptation vaut aussi pour la prospérité : nous nous habituons très vite à un niveau de revenu et de consommation plus élevé, au point de le considérer comme la norme. Dès lors, lorsque certains de nos besoins sont satisfaits, nous considérons cette satisfaction comme acquise, et précipitons notre frustration sur les nouvelles choses attrayantes que les entreprises s'ingénient à nous proposer. Par ailleurs, nous avons beaucoup de mal à évaluer notre niveau de bonheur passé ou futur, du fait de l'oubli sélectif des traumatismes : si nous pensons souvent que les choses étaient meilleures avant, ou vont devenir meilleures plus tard, c'est à cause de mécanismes psychologiques qui font négliger les moments

4. Voir A.E. Clark, P. Frijters et M.A. Shields, « Relative income, happiness and utility : an explanation for the Easterlin paradox and other puzzles », juin 2007.
5. Voir à ce sujet D. Gilbert, *op. cit.*

désagréables du passé. Nous avons donc tendance à sous-estimer nos difficultés matérielles passées.

Un autre facteur explicatif est que notre niveau de bonheur dépend, en grande partie, de notre position relative par rapport au reste des gens que nous côtoyons. Une expérience permet de mettre ce phénomène en évidence : lorsqu'on demande à des étudiants ce qu'ils préfèrent, entre gagner 20 000 $ par an dans une société où tous les autres gagnent 10 000 $, et gagner 30 000 $ par an dans une société où tous les autres gagnent 60 000 $, la majorité opte pour la première possibilité.

Enfin, tout simplement, la prospérité n'est qu'un élément parmi d'autres, déterminant le bonheur et le malheur. 80 % des variations de niveaux de bonheur entre les membres d'une société s'expliquent par six facteurs : la vie maritale (le divorce est l'un des principaux facteurs de malheur individuel, au point qu'il est préférable pour son bonheur individuel de rester avec un conjoint que l'on n'aime plus plutôt que de divorcer), la sécurité économique (le chômage est lui aussi l'une des principales causes de malheur), le degré de confiance envers les autres membres de la société, l'appartenance à un groupe ou association (non religieuse), la forme et la qualité du gouvernement (la démocratie, la capacité à influer sur les décisions publiques accroissent le bonheur), et les croyances religieuses (les croyants se déclarent plus heureux que les athées).

Pour lord R. Layard, économiste anglais proche du parti travailliste, et auteur d'un récent ouvrage très remarqué sur le sujet[6], ces recherches sur le bonheur sont une invitation à changer totalement le fonctionnement de nos sociétés. À trop nous préoccuper de la prospérité, nous

6. R. Layard, *Happiness : lessons from a new science*, Penguin, traduit en français en 2007 sous le titre *Le prix du bonheur, leçons d'une science nouvelle*, Armand Colin.

avons négligé ce qui constitue les sources réelles du bonheur. Pour lui, il nous faut adjoindre au produit intérieur brut et à sa croissance un indicateur du « bonheur national brut » qui prenne en compte les vraies sources du bonheur et qui serve de repère pour les politiques des gouvernements. Si depuis cinquante ans nous ne sommes pas plus heureux qu'avant, voire plutôt moins, c'est que la période a été marquée par la hausse des divorces et de la criminalité, l'affaissement du niveau de confiance entre membres des sociétés des pays riches, la baisse de la participation à des activités associatives[7], la montée de l'individualisme, et l'instabilité professionnelle. La quête du statut social par l'accroissement du revenu est devenue une course effrénée dans laquelle chacun cherche à monter plus haut que son voisin (avoir une plus grosse voiture, une plus grande maison, un plus gros salaire). Mais comme il n'est pas possible que chacun soit plus haut que les autres, le statut obtenu par les uns est autant de perdu par les autres. Étant donné que les études sur le bonheur montrent que les pertes sont ressenties plus durement que les gains ne sont perçus positivement, il en résulte une quête sans issue qui, dans l'ensemble, ne produit que des insatisfaits.

Pour Layard, faire du bonheur de la population un objectif des politiques publiques aboutirait à lutter contre ces tendances. Il propose une imposition lourdement progressive sur le revenu et la consommation pour lutter contre la « course de rats » vers le statut social, de lutter plus efficacement contre le chômage et l'instabilité professionnelle, d'accroître l'étendue des assurances publiques, de promouvoir la solidité de la vie en couple, au besoin par une éducation préalable au mariage, d'encourager l'engagement dans des activités associatives et de décourager l'usage de la

7. Voir à ce sujet R. Putnam, *Bowling alone*, Simon & Schuster, 2000.

télévision, d'inciter les gens qui ne sont pas religieux à trouver des substituts, comme les philosophies orientales ou les thérapies cognitives, de ne pas hésiter à faire usage des médicaments antidépresseurs, et par-dessus tout, il préconise de cesser de se dire que telle ou telle politique sera « nuisible à la croissance économique » dès lors que celle-ci ne contribue pas au bonheur.

Le message a été bien reçu chez les intellectuels proches de l'écologie et des mouvements socio-démocrates. Les écologistes y ont vu la confirmation de l'idée selon laquelle la croissance économique n'a pas de raisons valides d'être poursuivie ; les socio-démocrates, la perspective d'un nouveau programme d'action politique, dans lequel l'action publique oriente les individus vers le bonheur.

Pourtant, ce n'est pas la seule lecture que l'on peut faire des travaux sur le bonheur, et du livre de Layard. Il est possible aussi d'en tirer la conclusion suivante : depuis cinquante ans, l'affaissement du sentiment religieux, l'individualisme, la montée de l'État providence, l'élévation de l'espérance de vie et l'amélioration de la santé, l'émancipation des femmes par la libéralisation des divorces et leur accès au marché du travail, la violence à la télévision, la libération sexuelle n'ont pas rendu les gens plus heureux d'un iota, au contraire. En somme, ce qui est en cause, c'est la modernité dans son ensemble, qui ne tient pas ses promesses et ne rend pas les gens heureux. On peut donc faire une lecture très réactionnaire du livre de Layard et en retirer des conclusions totalement opposées aux siennes. On peut même l'interpréter de façon « huxleyenne » : sa promotion des « médicaments qui aident à vivre heureux », sa volonté de créer une société dans laquelle chacun est content d'être à sa place, plutôt que de chercher à monter dans l'échelle sociale, ont parfois des accents du « meilleur des mondes ».

C'est un problème récurrent : souvent, les intellectuels se fondent sur les travaux scientifiques sur le bonheur pour promouvoir un agenda politique ; leurs écrits nous en disent beaucoup plus sur leurs idéaux personnels que sur les politiques propres à accroître réellement le bonheur. Au passage, la commission créée en France sur ce sujet court un risque analogue : ses conclusions nous en diront plus sur l'idée du bonheur que se font ses membres que sur ce qui accroît réellement le bonheur des populations. Cesser de se focaliser sur la croissance et insister sur d'autres dimensions, pourquoi pas : mais pour une bonne part, la croissance économique en elle-même est un moyen de réduire le chômage et de payer pour tous les systèmes sociaux qui contribuent au bonheur (santé, éducation, associations, etc.).

Lorsque les spécialistes du bonheur dénoncent la « course de rats » globalement stérile qui pousse les individus à travailler et chercher à s'enrichir toujours plus pour monter en statut social, et qu'ils proposent une taxation très progressive du revenu et de la consommation pour la « dompter », ils oublient que la quête du statut peut alors se reporter sur d'autres dimensions, comme le pouvoir. Comme le rappelait Keynes, il est sans doute préférable que les gens exercent leur tyrannie sur leur compte en banque plutôt que sur leurs semblables.

Si le bonheur nous semble important, ce que nous souhaitons ne se limite pas au bonheur. L'accroissement absolu de la prospérité (et pas seulement son accroissement par rapport à celui des autres), la possibilité de choisir ou non d'être croyant, l'égalité des chances, la possibilité de promotion sociale, la liberté des mœurs sont des éléments que l'on peut considérer comme positifs en soi et pas seulement parce qu'ils contribuent au bonheur (ce que visiblement, ils ne font pas tant que cela). Se fonder sur les études sur le bonheur pour lutter contre ce qui ne nous plaît pas dans la modernité (pour les socio-démocrates, le matérialisme, l'individualisme, les inégalités, la focalisation excessive sur la prospérité, la dégradation de l'environnement ; pour les conservateurs, l'affaissement des valeurs morales, du sentiment religieux, et le matérialisme), c'est négliger le fait que la transcription politique des travaux sur le bonheur revient à une attaque contre la modernité dans son ensemble, pas seulement contre ses aspects qui nous déplaisent.

L'analyse économique du bonheur conduit-elle alors forcément à une impasse ? Probablement pas. Il n'est pas absurde de s'interroger sur les conséquences de la modernité. Savoir pourquoi plus de prospérité ne nous a pas rendus plus heureux, chercher des moyens d'y remédier, n'est pas non plus une mauvaise chose, même si le phénomène d'adaptation conduit à fortement relativiser ce qui peut être fait dans ce domaine. Surtout, il n'est pas inutile de se souvenir que la croissance économique est une bonne chose parmi d'autres, et qu'elle n'est pas un but en soi. Contrairement aux idées reçues, les économistes le savent depuis longtemps ; ce n'est pourtant pas inutile de le rappeler.

18

Je vis dans une économie virtuelle

> *« Reality is that which, when you stop believing in it, doesn't go away. »*
>
> Philippe K. Dick

> *« Cyberspace. A consensual hallucination experienced daily by billions of legitimate operators, in every nation, by children being taught mathematical concepts... A graphic representation of data abstracted from banks of every computer in the human system. Unthinkable complexity. Lines of light ranged in the nonspace of the mind, clusters and constellations of data. Like city lights, receding... »*
>
> William Gibson, *Neuromancer*

Un jour d'avril 2001, l'économiste Edward Castronova décida de jouer à *Everquest*. *Everquest* est un « jeu en ligne massivement multijoueur », ou MMORPG[1]. Dans ce type de jeu, les participants créent un avatar, doté de capacités diverses (magicien, guerrier... ces jeux sont le plus

1. *Massively Multiplayer Online Role-Playing Game.*

souvent proches de l'univers de l'*heroic fantasy*) qui va ensuite se retrouver dans un vaste monde persistant[2] en compagnie d'autres avatars de joueurs, pour y vivre des aventures épiques (chercher des trésors, combattre divers monstres, parfois se battre entre eux). Castronova n'avait jamais joué à ce genre de jeu auparavant, et il fut surpris tout d'abord par la complexité de l'ensemble. Apprendre à se déplacer dans ce vaste monde, à communiquer, à maîtriser les capacités de son avatar était incroyablement compliqué. Surtout, les joueurs constituaient une communauté extrêmement développée, dont la langue, la culture, et les normes semblaient totalement étrangères. À l'intérieur du jeu, des milliers de personnes se trouvaient en permanence connectées ; en dehors de celui-ci, des milliers de sites Internet étaient consacrés à divers aspects du jeu et aux discussions entre joueurs. Comprendre simplement ce qu'était ce jeu était difficile.

Mais Castronova s'en est très vite rendu compte : l'économie y jouait un rôle considérable. Dans chaque ville, il pouvait voir des joueurs proposer des transactions. « Offre Joyau Superbe de la Chouette, 10 pièces d'or ! », « Quelqu'un peut-il me téléporter dans telle ville, je paie » et autres propositions du même acabit formaient, dans chaque lieu de rassemblement des joueurs, une étrange cacophonie. Sur les sites consacrés au jeu se trouvaient des listes d'objets, avec leurs prix exprimés en monnaie locale[3]. Mais, de façon plus étonnante, les mêmes « biens » étaient aussi en vente, et cette fois-ci en dollars et parfois à des prix très élevés, sur les sites d'enchères en ligne ou sur les sites consacrés aux objets.

2. « Persistant » signifie que l'espace virtuel ne « s'arrête » jamais, même lorsque le joueur ne s'y trouve plus.
3. Le plus souvent, la devise des MMORPG est la pièce métallique, subdivisée selon le métal : par exemple, une pièce de platine = 100 pièces d'or, une pièce d'or = 100 pièces d'argent, etc.

Et ces prix avaient un sens : les objets les plus chers étaient aussi ceux qui conféraient aux joueurs les détenant des capacités supplémentaires (des armures plus solides, des armes plus puissantes, des objets donnant des capacités magiques, etc.) permettant de mieux profiter du jeu, en se rendant dans des lieux d'accès difficile, en combattant des monstres plus puissants. Pour un joueur, accumuler de l'argent virtuel impliquait de consacrer au jeu un temps qu'il n'avait pas forcément ; alors qu'inversement, beaucoup de participants disposant de temps, et d'argent virtuel, étaient disposés à les échanger contre de l'argent du « monde réel ».

Castronova décida alors de consacrer un article au monde virtuel de Norrath – le nom de l'univers dans lequel évoluent les joueurs d'*Everquest*. Cet article prit la forme traditionnelle des monographies que les économistes consacrent aux pays, avec des informations sur la population, les revenus, l'évolution des prix, le taux de croissance, les types d'activités, etc. Il montrait qu'en moyenne travailler dans le jeu permettait de gagner 300 pièces de platine par heure, ce qui au taux de change de la devise du jeu correspondait à 3,50 dollars l'heure. Le taux de change de la pièce de platine était d'environ 85 pour un dollar. En calculant le temps passé par les 60 000 joueurs et leurs activités, le PIB par habitant du jeu était de l'ordre de 2 000 dollars par an, ce qui plaçait Norrath au niveau d'un pays comme la Bulgarie, et donnait un revenu par habitant quatre fois supérieur à celui de la Chine à l'époque.

Comme beaucoup de travaux en sciences sociales, l'article de Castronova fut posté sur le Social Sciences Research Network[4]. Sur ce réseau, la plupart des documents

4. Sous le titre « Virtual worlds : a first-hand account of market and society on the cyberian frontier », téléchargeable sous le lien suivant : http://papers.ssrn.com/sol3/papers.cfm?abstract_id=294828.

téléchargés portent sur des questions de finance, de droit ou de fiscalité ; les documents les plus téléchargés le sont à quelques centaines d'exemplaires, le plus souvent parce qu'un enseignant en a rendu la lecture obligatoire à ses élèves. En quelques mois, l'article de Castronova fut téléchargé plus de 20 000 fois, se plaçant au cinquième rang total (il en est aujourd'hui à près de 40 000 téléchargements) – le seul article à avoir accompli une telle performance depuis 1997, et le seul article d'économie présent dans la liste des dix articles les plus téléchargés du site. Le téléphone de Castronova se mit à sonner sans arrêt. Des entreprises du jeu vidéo lui demandant conseil pour réguler l'économie dans leurs jeux ; des avocats se posant des questions sur les droits de propriété ; des entrepreneurs cherchant à faire fortune ; des journalistes trouvant l'histoire de gens payant du « vrai argent » pour des objets virtuels intéressante ; des agences gouvernementales voulant utiliser les mondes virtuels pour étudier l'effet de diverses politiques publiques. Mais très peu de collègues économistes. Son article ne suscita, dans un premier temps, aucun intérêt dans la profession. Soumis à diverses revues, il fut systématiquement rejeté. Un relecteur de l'*American Economic Review* devait même expliquer que « cet article nous dit quelque chose sur les goûts d'un petit groupe de gens jouant à des jeux en ligne. Personnellement, je suis beaucoup plus intéressé par les prix et caractéristiques des vraies choses que de choses virtuelles ». L'article de recherche économique le plus lu des dix dernières années n'a finalement jamais été publié.

Ce n'est pas la première fois que les économistes manquent d'identifier la vraie nature d'une activité. Les physiocrates du 18e siècle considéraient ainsi que seule l'agriculture était productive ; pour leurs successeurs classiques, les services ne constituaient pas une forme de richesse. Aujourd'hui, ils ne peuvent ignorer l'importance et la croissance rapide des activités économiques réalisées dans les mondes virtuels. Fondamentalement, il n'existe aucune différence entre acheter un morceau de musique en ligne pour l'écouter ensuite et acquérir une épée virtuelle, dont on se servira pendant de nombreuses heures avec son avatar. Les mondes persistants en ligne sont devenus en quelques années une activité regroupant environ 20 millions de joueurs (plus de 8 millions d'abonnés au plus populaire d'entre eux, *World of Warcraft*, qui rapporte chaque mois un milliard de dollars à la compagnie productrice du jeu sous forme d'abonnements). Le temps moyen passé par un joueur en ligne est d'environ vingt heures par semaine, pouvant même dépasser les 60 heures : ce qui fait du jeu leur principale activité hors travail, parfois même leur première activité tout court.

L'activité consistant à fournir, contre de l'argent du monde réel, objets et argent virtuels est devenue une industrie, dont les principaux exécutants sont des dizaines de milliers de jeunes joueurs chinois, qui en vivent, et qui sont appelés « *gold farmers* » (fermiers d'or)[5]. Travaillant douze heures par jour, sept jours par semaine (avec deux ou trois jours de repos par mois), à massacrer inlassablement des monstres virtuels pour récupérer or et ressources, le plus souvent regroupés dans des ateliers (le plus grand d'entre eux qui soit connu regroupe près de 4 000 joueurs), ils gagnent un salaire de l'ordre de 200 dollars par mois. Ils sont les équivalents, pour le monde virtuel, des soutiers de la croissance chinoise. Comme pour le textile ou les jouets, l'or virtuel produit par ces ateliers est racheté par quelques

5. J. Dibbel, « The life of the Chinese gold farmer », *New York Times Magazine*, 17 juin 2007.

grandes entreprises occidentales et revendu, avec une confortable marge, aux joueurs. Cette activité est difficilement évaluable, car le plus souvent interdite par les éditeurs de jeux, mais on estime qu'elle réalise un chiffre d'affaires mondial de l'ordre de 2 milliards de dollars, chiffre en pleine explosion qui pourrait atteindre 9 milliards de dollars en 2009.

Si les éditeurs de jeux bannissent le plus souvent cette activité, c'est pour deux raisons. La première, c'est qu'elle crée une inégalité entre les joueurs et une difficulté d'accès pour les nouveaux joueurs qui entrent en compétition avec des personnes qui se sont suréquipées en payant, ce qui pourrait être dissuasif pour de futurs abonnés. Un peu comme dans une économie réelle, la très forte productivité des « farmers » chinois crée des déséquilibres, tout particulièrement de l'inflation. La seconde explication à l'inquiétude des éditeurs vient de ce qu'ils ne bénéficient pas, à quelques exceptions près, du revenu issu de ces ventes d'objets et d'or virtuels. Certains tentent de le faire : Sony Online Entertainment, pour le jeu *Everquest 2*, a organisé un marché d'enchères pour les joueurs. D'autres font de l'interaction entre l'économie réelle et l'économie virtuelle le fondement de leur activité : dans le jeu *Second Life*, où l'on crée un avatar pour se trouver dans un monde ressemblant beaucoup au monde réel, les joueurs doivent échanger auprès de l'éditeur du jeu de la monnaie réelle contre de la monnaie virtuelle, qui leur permet alors d'acquérir des biens et services virtuels et d'améliorer leur avatar. Si une bonne partie des améliorations d'avatar demandées porte sur des organes génitaux et un physique attrayant, et si une fraction significative des services échangés concerne des activités sexuelles entre avatars, un certain nombre de personnes parviennent aujourd'hui à vivre de leur activité sur *Second Life*, en y réalisant des créations (bâtiments, décoration, vêtements, etc.) vendues à d'autres joueurs contre des devises virtuelles, puis échangées contre de l'argent du monde réel[6]. Un joueur de *Project Entropia* a ainsi acheté une île virtuelle pour 26 500 dollars, et revendu les terrains, réalisant un confortable bénéfice comme n'importe quel promoteur immobilier. Ces gains réalisés par des joueurs en ligne ont peut-être échappé aux économistes, mais pas au fisc : l'office du budget du Congrès américain a ainsi recommandé récemment de taxer non seulement les gains réels, mais aussi les gains virtuels réalisés par les joueurs de jeux en ligne. Une proposition restée sans suite, mais pour combien de temps ?

Car la croissance rapide de l'activité des mondes virtuels n'a pas de conséquences que pour les économies réelles. Elle fait naître aussi des problèmes juridiques inédits : un tribunal de Hong Kong a ainsi récemment dû se prononcer sur le cas d'un joueur qui en avait poignardé un autre, après que celui-ci eut revendu un sabre virtuel particulièrement puissant qu'il lui avait prêté. En Corée du Sud, où près de 40 % des internautes jouent en ligne, une jurisprudence est apparue, considérant que le vol d'objets virtuels était punissable au même titre que les vols « réels ». La criminalité ne s'arrête pas au vol d'objets : sur *Second Life*, on a pu voir certains joueurs utiliser des programmes pirates leur permettant d'obliger un avatar à avoir des rapports sexuels avec le leur – une sorte de viol virtuel.

---

6. Quotidiennement, l'équivalent de 500 000 dollars est échangé par les joueurs de *Second Life* ; une somme qui a crû au rythme de 10-15 % par mois pendant des années, avant de diminuer lorsque le jeu est devenu moins à la mode.

Pour les scientifiques, les mondes virtuels constituent un champ d'expérimentation et de recherche nouveau. Ainsi, récemment, la très sérieuse revue médicale *The Lancet* a publié une étude épidémiologique sur la diffusion d'une maladie dans le jeu *World of Warcraft*[7]. Un monstre particulièrement puissant, créé par les développeurs du jeu comme adversaire pour les meilleurs joueurs, leur transmettait une maladie (le « sang corrompu ») causant leur affaiblissement, puis parfois la mort virtuelle, et transmissible de joueur à joueur par proximité. La maladie était alors devenue incontrôlable, touchant un nombre croissant de joueurs, dans leurs zones de regroupement, et ce malgré les efforts rapides des administrateurs pour bloquer la maladie à l'aide de quarantaines. En pratique, les épidémiologistes ne disposent que de modèles mathématiques pour prévoir la diffusion des épidémies réelles, et de données très incomplètes. Selon les auteurs de l'étude, il est possible à l'aide de cette épidémie virtuelle (pour laquelle on peut collecter toutes les données) de tester ces modèles mathématiques d'une façon extrêmement proche de la réalité, et ainsi de les améliorer. De la même façon, E. Castronova travaille désormais à la création de mondes virtuels qui permettraient de simuler l'impact de politiques ou de crises économiques réelles.

Comment appréhender économiquement les mondes virtuels ? Selon Castronova, une approche possible consiste à les considérer comme des pays réels, ayant des relations avec d'autres pays (flux de main-d'œuvre, de capitaux et de services). Ces pays sont fondés sur des règles parfois inhabituelles, mais on y rencontre toute une série de problèmes macroéconomiques typiques des économies réelles :

7. L. Blue, « World of Warcraft : a pandemic lab ? », *Time Magazine*, 22 août 2007.

inflation[8], fluctuations des prix et des taux de change, croissance, voire récessions. Dans cette perspective, le jeu *EVE Online* a même recruté un économiste professionnel, chargé de publier régulièrement des études statistiques sur l'économie du jeu, à destination des joueurs et des administrateurs du jeu. L'économie des mondes virtuels est très inégalitaire, mais d'une façon étrange : l'activité des joueurs « réels » est en permanence soutenue (vente et réparation de matériel par exemple, ou commercialisation de potions ou de composants utiles à l'activité des joueurs) par des personnages « non joueurs » virtuels. Les mondes virtuels présentent ainsi le paradoxe d'être une société dans laquelle la totalité des membres réels appartient aux 10 % d'individus les plus riches. C'est probablement ce qui fait une partie de leur attrait.

Mais considérer les mondes virtuels comme des pays avec lesquels les pays réels échangent aboutit à une conclusion très dérangeante : il est possible d'envisager qu'à terme les phénomènes économiques des mondes virtuels puissent avoir un impact macroéconomique sur le monde réel. Si le travail dans le monde virtuel devient rentable, on assistera à des mouvements de population active vers ceux-ci, réduisant l'offre de travail dans le monde réel. Les mouvements de taux de change pourraient modifier l'équilibre des transactions entre monde virtuel et réel. On pourra dire que ce n'est qu'une spéculation sans fondements, parce que l'économie virtuelle ne représente pas grand-chose, sinon du divertissement ; mais c'est oublier que depuis l'étude de

8. Dans les mondes virtuels, la quantité de monnaie augmente plus vite que la quantité disponible d'objets utiles, ce qui crée une pression inflationniste permanente. La solution pour éviter cela ne consiste pas à créer une banque centrale, mais à recourir à des mécanismes obligeant les joueurs à dépenser leur argent virtuel sans gain en contrepartie : cela peut être par exemple l'usure des objets, nécessitant des réparations régulières.

Castronova évaluant le poids économique des mondes virtuels, celui-ci a augmenté à un rythme énorme, de plusieurs ordres de grandeur supérieur à celui des pays émergents les plus rapides. Et personne ne sait à quel point cela va s'arrêter.

Après son article, Castronova a écrit un livre[9] exposant ses recherches et ses résultats, décrivant la culture, l'économie, et les perspectives des mondes virtuels. En conclusion, il se livre à l'exercice suivant. Il présente une liste d'événements, significatifs de l'impact des mondes virtuels sur le monde réel, et demande à son lecteur d'imaginer en quelle année chacun d'entre eux va se dérouler. Les voici :

> Le taux de divorces augmente du fait d'un accroissement des affaires sexuelles facilitées par des mondes interactifs à base d'avatars.
>
> Un homme meurt d'une crise cardiaque due au stress après avoir passé plusieurs jours d'affilée à faire la guerre en ligne.
>
> Une élection nationale est déterminée non pas par des semaines de campagne, mais par un mouvement d'incitation au vote s'étant répandu dans les mondes virtuels.
>
> De grandes entreprises construisent un réseau visant à offrir un accès Internet à haut débit sans fil dans tout le pays.
>
> Un enfant vole à ses parents 30 euros pour acheter des lunettes de soleil, pas pour lui, mais pour l'un de ses avatars virtuels.
>
> Il est possible et courant d'accéder aux mondes virtuels *via* son téléphone portable.

9. E. Castronova, *Synthetic worlds : the business and culture of online games*, University of Chicago Press, 2006.

Certaines personnes passent tellement de temps en ligne qu'elles ne sortent pas de chez elles pendant deux ans.
Des adolescents deviennent violents si leur accès à des mondes virtuels est interrompu pour une quelconque raison.
Des guildes constituées par des chômeurs s'orientent vers les mondes virtuels pour y pratiquer le racket et l'extorsion, comme la Mafia.
L'une de ces guildes offre à une autre 100 000 € pour récupérer un terrain virtuel très apprécié.
Certains parents doivent recourir aux châtiments corporels pour que leur enfant lâche son ordinateur.
Les joueurs de jeu vidéo deviennent des professionnels, jouent dans des championnats, sont sponsorisés par de grandes entreprises, et gagnent des salaires de l'ordre de 150 000 € annuels. La presse sportive relate leurs exploits.
Des familles élargies de huit à dix personnes ont recours aux mondes virtuels et aux avatars pour se rencontrer quotidiennement, afin de ne pas perdre le contact.
Une entreprise offrant un service de discussion en ligne vend des avatars disposant d'animaux de compagnie, de maisons, et dont l'apparence ne peut être modifiée que par une pseudo-chirurgie esthétique.
L'un de ces fournisseurs d'avatars réalise un chiffre d'affaires annuel de dizaines de millions d'euros.
Les parents jouent en même temps que leurs enfants et leur imposent des couvre-feux, c'est-à-dire des limites au temps passé en ligne.

Selon vous, en quelle année tous ces événements se seront-ils réalisés ? Ne cherchez pas : en 2003, tout cela s'était déjà produit en Corée du Sud. Vous vous direz peut-être que ces Coréens sont des gens bien étranges. Mais la

Corée est simplement en avance : dans tous les pays, la population des joueurs en ligne a suivi la diffusion de l'Internet haut débit. La proportion de joueurs en ligne en France est aujourd'hui la même que celle qui prévalait en Corée du Sud lorsque la diffusion du haut-débit correspondait à celle de la France actuelle. Que se passera-t-il si le nombre de joueurs en ligne français atteint les proportions coréennes ? Comme le disait l'auteur de science-fiction William Gibson, « le futur est déjà là ; il est juste très inégalement distribué ».

19

Être rationnel est humain

> « *Does {...} rational choice theory is as much use as flat earth theory ? No. It's more like a perfectly spherical-earth theory. The earth isn't a perfect sphere, as anyone who has climbed Mount Everest will tell you. But it's nearly a sphere, and for many purposes the simplification that the earth is spherical will do nicely.* »
>
> Tim HARFORD

L'économiste a la réputation de prêter aux individus une rationalité excessive, dont l'homo economicus serait le symbole. Cet individu, héros traditionnel de la science économique, ne cherche à obtenir que ce qu'il y a de mieux, compte tenu des contraintes qui pèsent sur lui. On imagine bien ce genre de personne dans un rayon de supermarché, accroupie pour scruter les prix des carottes en conserve, évaluant à une vitesse folle laquelle lui apportera le plus de satisfaction, compte tenu des prix, de ce qu'il va acheter dans le rayon suivant ou de ce qui se pratique dans les autres grandes surfaces de la ville. Il est également capable d'évaluer à l'heure près le temps de travail mensuel qu'il devra réaliser pour arriver exactement à un salaire qui lui permette de consommer ce qu'il désire tout en satisfaisant son attachement pour les moments passés à lézarder au soleil. Cette personne très austère ne subit pas l'empire de la passion et est capable à chaque instant de faire la part des choses, au détail près, entre ce que lui rapporte une action et ce qu'elle lui coûte. Sa femme ou son mari ont été choisis après un processus très rigoureux de sélection, de même que le nombre d'enfants qu'il ou elle souhaite avoir. Chez cette personne, il n'y a pas de place pour l'improvisation, pas de possibilité de se tromper ou de mal comprendre un problème.

L'homme de Chicago n'existe pas

Cet individu, que Daniel McFadden nomme « homme de Chicago », est une fiction. En réalité, les individus font preuve de sentiments, ont des croyances, perçoivent les réalités différemment et sont intellectuellement incapables de traiter certains problèmes.

La chasse à l'homme de Chicago a commencé il y a un certain temps déjà. Après la guerre, Herbert Simon est l'un des premiers à avoir contesté de façon convaincante son existence, en avançant que les gens cherchent avant tout des solutions satisfaisantes à leurs problèmes plutôt que des réponses parfaites (optimales). Si vous voulez acheter une paire de chaussures, vous ne sillonnerez vraisemblablement pas la ville entière pour étudier le prix proposé par tous les magasins. Vous confronterez plusieurs offres et vous arrêterez à celle qui vous semble acceptable, donc satisfaisante. Peu importe que quelques kilomètres plus loin vous puissiez trouver moins cher ou découvrir un modèle dont la couleur est plus proche de ce dont vous rêvez. Au fil du temps, vous construirez même une routine, qui vous conduira chaque fois que vous changerez de chaussures à revisiter les magasins que vous connaissez et à choisir dans leurs rayons le modèle qui vous convient. Chez Simon, la rationalité est « limitée », tout comme le goût des gens pour la marche à pied.

L'économie comportementale (*behavioral economics*) prolonge cette logique. À la suite des grands noms que sont Daniel Kahneman, Vernon Smith ou Amos Tversky, de nombreux chercheurs se penchent sur la psychologie humaine pour montrer que la logique des choix économiques est souvent très éloignée de ce que la conception classique de la rationalité suppose. Les individus ne sont pas des robots, le fonctionnement de leur cerveau n'est pas compatible avec celui de l'homme de Chicago. Comprendre les choix, c'est faire de la « psychoéconomie ».

Cette branche de l'économie repose sur l'expérimentation. L'économiste met des individus en situation de choix économique, avec des gains réels à la clé en général, et observe leur comportement. Des décennies de travaux ont démontré que les anomalies de la rationalité sont monnaie courante. En voici quelques exemples.

Morts à la pelle et taxis fous

Kahneman et Tversky ont ainsi découvert que les individus n'évaluent pas de la même façon les gains et les pertes. Ils proposèrent à des cobayes de sauver de façon certaine 200 personnes dans une population de 600 menacée par une épidémie, ou de jouer une loterie qui pourrait peut-être en sauver plus, mais peut-être moins. Puis, ils demandèrent aux mêmes de choisir entre renoncer à 400 vies de façon certaine ou de jouer une loterie identique à la première en termes de risques. Les réponses auraient dû être identiques dans les deux situations. Dans une population de 600 personnes, « 200 personnes sauvées » est la même chose que « 400 personnes décédées ». Et comme les risques de la loterie sont les mêmes, ceux qui choisissaient de sauver 200 personnes auraient dû accepter 400 décès dans le second cas. Or, leur expérience montra que ce n'était pas le cas : alors qu'une grande majorité des sujets de l'expérience choisissait de sauver 200 vies, une aussi grande majorité retenait dans le second cas la loterie plutôt que les 400 morts. Les gens préfèrent compter des vies sauvées, plutôt que des morts. Ils manifestent une « aversion aux pertes », qui les pousse à chercher à éviter les morts certaines. Ce qui est parfaitement irrationnel, puisque la valeur donnée à deux résultats objectivement identiques n'est pas la même.

Les taxis new-yorkais ont également donné une preuve de ce type de comportement. Alors qu'ils devraient travailler plus les jours de pluie où la demande est plus forte, Colin Camerer, Linda Babock, George Loewenstein et Richard Thaler ont montré qu'ils avaient tendance à travailler moins que les autres jours. Ils pourraient pourtant accroître leur revenu durant ces périodes et réduire leur temps de travail les jours où le client est plus rare. Le revenu serait le même et leur temps de loisir, plus important (ils éviteraient certaines attentes inutiles). En fait, tout porte à croire qu'ils raisonnent par rapport à une cible de chiffre d'affaires quotidien. Lorsqu'ils ont réalisé ce chiffre, ils rentrent chez eux. Partir plus tôt les mauvais jours ne leur permettrait pas d'atteindre cet objectif. Le sentiment d'une perte les pousse à rester dans leur voiture, même si cette perte est compensable un autre jour.

L'enjeu fait le jeu

Un autre comportement peu conforme à ce que l'on attend de gens rationnels a été observé par Graham Loomes, Chris Stamer et Robert Sudgen. Ils ont proposé trois tests à des cobayes.

Test 1 : Choisissez entre les alternatives suivantes :

a. gagner 18 € avec une probabilité de 30 %, 0 € avec une probabilité de 70 % ;
b. gagner 4 € de manière certaine.

Test 2 : Choisissez entre :

c. gagner 8 € avec une probabilité de 60 %, 0 € avec une probabilité de 40 % ;
b. gagner 4 € de manière certaine.

Test 3 : Choisissez entre :

c. gagner 8 € avec une probabilité de 60 %, 0 € avec une probabilité de 40 % ;
a. gagner 18 € avec une probabilité de 30 %, 0 € avec une probabilité de 70 %.

Si vous répondez a au premier test et b au deuxième, on pourrait s'attendre à ce que vous répondiez a au troisième. Pourtant, un nombre conséquent de sujets de l'expérience répondent c au troisième. Récapitulons : a > b > c > a. Cet exemple montre qu'une règle élémentaire de la rationalité, la « transitivité des préférences », peut ne pas être respectée. Si je préfère la bière au whisky et préfère le whisky à l'eau, il n'est pas rationnel que je préfère l'eau à la bière.

Comment expliquer cette anomalie ? Elle est probablement liée au fait que l'on est prêt à accepter plus de risques si les gains potentiels sont plus importants. En d'autres termes, l'aversion au risque évolue en fonction des enjeux, ce que la théorie traditionnelle ne prend pas en compte.

Un tien vaut mieux qu'un tu l'auras

La propriété rend aveugle. Ce n'est pas un slogan marxiste, mais la conclusion caricaturale que l'on peut tirer d'expériences menées en psychoéconomie.

Kahneman, Knetsch et Thaler l'ont constaté en proposant à des étudiants de monnayer un mug à l'effigie de leur université, qui leur est donné en début d'expérience. D'autres étudiants se voient proposer un mug ou une somme d'argent, qu'ils déterminent dans une fourchette. En principe, les sujets du groupe possédant un mug devraient accepter une somme d'argent à peu près équivalente à celle que les étudiants qui ne possèdent rien au départ demandent pour choisir l'argent. Le choix est en effet strictement identique, à ceci près que les seconds ne disposent de rien au départ. Pourtant, on constate que le montant réclamé par les détenteurs de mugs est bien plus élevé – deux fois plus – que celui que les autres étudiants réclament pour choisir l'argent plutôt que le mug. Cette anomalie est connue sous le vocable « effet de dotation ». Le fait de posséder un objet lui donne une valeur supérieure à celle qu'on lui attribue lorsqu'on ne le détient pas. C'est un phénomène constaté par exemple sur le marché de l'immobilier où, indépendamment des conditions objectives du marché, les vendeurs ont fréquemment tendance à surestimer le bien vendu.

L'homo economicus semble bien être une invention issue de l'imagination des facétieux économistes. Mais cette imagination n'est pas aussi délirante qu'elle en a l'air.

Utile et pas si irréel : la revanche de l'homo economicus

On peut aligner les exemples d'anomalies de la rationalité à l'infini, le cadavre de l'homme de Chicago bouge toujours. Dans les faits et dans les cœurs, si on peut dire. Dans les faits, parce qu'en dépit des limites de ce postulat, les gens prennent des décisions axées sur une logique d'analyse de coût et bénéfice. Dans les cœurs, des économistes du moins, parce que l'homo economicus rend de fiers services à la discipline, en attendant mieux.

La logique cachée des choses est rationnelle

Une prostituée qui accepte d'avoir des rapports non protégés avec un client est-elle irrationnelle ? Au contraire, répond Tim Harford, dans *The Logic of Life.* Si elle accepte de le faire, c'est que le client paiera plus cher. Elle risque d'attraper de graves maladies, elle le sait. Mais dans de nombreux pays, les informations concernant les maladies sexuellement transmissibles sont connues, y compris des prostituées. Elles sont donc capables de mettre une probabilité sur les risques encourus lors d'un rapport non protégé. Comme l'écrit Harford, à propos des prostituées mexicaines : « Un Mexicain sur 800 est séropositif et, même parmi les prostituées, le virus ne touche qu'une personne sur 300. Même si une prostituée est suffisamment malchanceuse pour qu'une de ses passes non protégée soit faite avec un homme porteur du virus du sida, le risque qu'elle l'attrape est de moins de 2 % si l'un d'entre eux est porteur d'une autre maladie sexuellement transmissible, moins de 1 % dans le cas contraire. Aucune prostituée ne veut attraper le sida, mais les risques de l'attraper en raison d'un rapport non protégé sont faibles, alors que la rémunération est substantiellement supérieure. »

La contre-attaque de l'homme de Chicago ne vous convaincra peut-être pas dans une rue mexicaine mal famée. Soit. Le voilà qui revient en expérimentateur, pour attaquer les comportementalistes (ceux qui ont par exemple découvert l'aversion aux pertes) sur leur propre terrain. Harford cite les travaux de John List, qui considère que, en dépit de leurs qualités, les expériences en laboratoire conduisent à des résultats biaisés dans le sens de l'irrationalité. La particularité de certaines expérimentations est de mettre des individus ordinaires dans des situations extraordinaires. La plupart du temps, les gens ordinaires ont à prendre des décisions ordinaires. En mettant en place des observations dans des contextes réels, il a relevé des comportements nettement plus rationnels qu'en laboratoire. Ainsi, parmi les visiteurs d'un salon de collectionneurs de cartes à l'effigie de joueurs de base-ball, seuls les collectionneurs novices validaient l'existence d'un effet de dotation ; les plus expérimentés y étaient insensibles. Alors qu'en laboratoire, mieux payer un cobaye pour effectuer des tâches sans intérêt peut avoir un effet persistant sur la motivation, cet effet de reconnaissance, *a priori* tout à fait irrationnel selon le modèle de l'homo economicus, disparaît bien plus vite dans un test réel, sur un petit *job* tout aussi réel.

En réalité, les individus se livrent à des analyses coût-bénéfice bien plus fréquemment qu'on ne l'imagine. Le nombre d'enfants d'un couple résulte d'un calcul de ce genre. Un enfant apporte de nombreuses satisfactions aux parents, allant de l'instinct de reproduction à la joie de les voir courir partout, en passant par le sentiment d'accomplissement social. Beaucoup d'entre elles n'ont pas à être expliquées, elles relèvent des préférences, subjectives ou innées. En contrepartie, l'enfant représente un coût d'opportunité, dans la mesure où les ressources mobilisées pour l'élever ne sont plus disponibles pour d'autres usages. Ce coût se traduit par un coût financier direct, correspondant aux ressources consommées pour l'entretien normal de l'enfant. Le coût financier est également indirect. Une femme qui enfante devra ralentir son activité professionnelle, ce qui peut avoir des conséquences durables sur sa carrière, comme la plupart des études sur le sujet le montrent. De manière générale, tout le temps consacré à un enfant n'est plus disponible pour autre chose. De sorte que le choix du nombre d'enfants relève d'un arbitrage entre les gains et les coûts qu'il occasionne. Cette vision n'a rien d'ethnocentrée : elle reste tout à fait valable dans des pays où, par exemple, la contraception n'est que peu développée. Dans ce cas, l'arbitrage inclut d'autres éléments, tels que la possibilité de faire travailler l'enfant.

Les grandes sociétés font-elles preuve d'irrationalité en payant très cher des dirigeants dont la capacité à faire prospérer l'entreprise reste aléatoire ? Peut-être. Mais il se peut que l'explication soit plus complexe. La bonne marche d'une entreprise dépend des efforts de nombreuses personnes. Si chacun apporte sa pierre à l'édifice, l'importance d'un nombre limité d'individus en haut de l'organigramme est considérable en matière de décision et d'analyse. Créer un fossé entre la rémunération du mieux payé et ceux qui sont immédiatement en dessous est un facteur de motivation important pour ces derniers. Devenir calife à la place du calife est une incitation bien plus forte s'il gagne dix fois plus que s'il gagne 30 % de plus.

Ce sont des exemples exotiques, convenons-en. Au quotidien, les choix rationnels sont cependant légion. Si vous allez acheter le pain et le journal, vous choisissez le marchand de journaux proche de la boulangerie qui offre le pain que vous préférez. Si ce n'est pas le cas, c'est probablement que vous aimez flâner, ce qui conduit à accepter le coût de la marche supplémentaire, ou que le marchand de journaux le plus proche est fort peu aimable, ce qui justifie un déplacement pour avoir un accueil à la hauteur de vos attentes. Au supermarché, si vous n'étudiez pas longuement les prix, c'est généralement que vous estimez que votre temps a plus de valeur que quelques centimes économisés sur un paquet de céréales. Derrière la plupart de nos actes quotidiens, se cache une rationalité plus ou moins visible et plus ou moins parfaite. Les charges contre l'homme de Chicago le feraient presque oublier.

L'homo economicus, les économistes et nous

La théorie du choix rationnel reste la base de la plupart des modèles économiques. Après avoir lu ce qui précède, on peut se convaincre que c'est une hérésie ou, au contraire, une position raisonnable. Au fond, il n'y a pas à prendre parti pour l'une ou l'autre. Les approches comportementaliste et traditionnelle sont complémentaires.

La notion de rationalité que les économistes utilisent n'est pas une et indivisible. Pour l'économiste Tyler Cowen, la cohabitation entre diverses conceptions de la rationalité n'est que l'expression d'une compétition entre des théories imparfaites, qui cohabitent au sein de la discipline tant qu'elles sont capables de prouver leur supériorité dans des domaines spécifiques. Certains travaux utilisent à dessein une conception peu sophistiquée de la rationalité, afin de la tester pour faire avancer la compréhension des décisions individuelles (c'est d'ailleurs ce que fait la psychoéconomie). D'autres, à caractère normatif, ne cherchent pas à déterminer si les gens sont ou non rationnels, mais à montrer qu'ils devraient l'être autant que possible. Enfin, de très nombreuses recherches se contentent d'attribuer aux individus une rationalité réductrice, mais qui suffit à faire la lumière sur certains mécanismes économiques fondamentaux (c'est le cas de bon nombre de modèles macroéconomiques ou en économie du travail). C'est cette dernière catégorie qui est la plus souvent critiquée. Il ne s'agit pourtant pas de dire que nous sommes des automates froids, mais de considérer que cette modélisation fournit une approximation suffisante pour progresser dans la connaissance, faute d'une théorie aboutie. Keynes disait qu'il préférait avoir vaguement raison que précisément tort. Sur ce point, il avait précisément raison.

Où en est-on ?

L'être humain se livre à des calculs rationnels dans de nombreuses situations. Mais les avancées de l'économie comportementale sont considérées par la communauté des chercheurs comme des pièces importantes du puzzle de la science économique actuelle. La psychologie compte et peut contester une conception étroite de la rationalité dans de nombreuses situations.

Au-delà de la psychologie classique, ce sont les neurosciences qui sont progressivement mobilisées au sein de ce qu'on nomme « neuroéconomie ». L'étude du fonctionnement du cerveau permet de mettre en évidence certains processus de stimulation des différentes zones du cerveau en fonction des situations vécues. Le cerveau délègue à certaines zones le rôle de prendre en charge certaines tâches spécifiques. Dès lors, l'observation de comportements conformes dans certains cas à un type de rationalité plutôt qu'à un autre serait le résultat de cette division du travail au sein du cerveau. Certaines actions résulteront plus plausiblement d'une rationalité substantive pendant que d'autres relèveront davantage d'une rationalité procédurale. Ce qui a l'avantage de donner alternativement raison à tout le monde.

Une synthèse reste néanmoins hors de portée. Pour Kahneman, en dépit des progrès réalisés, « il n'existe pas de proches perspectives pour qu'économie et psychologie partagent une théorie commune du comportement humain ».

20

Les gens sont des sages hystériques

« Je sais calculer le mouvement des corps pesants,
mais pas la folie des foules. »

Isaac Newton

« Une seule idée pour plusieurs cerveaux
Désolé mais ça ne vole pas haut »

Lofofora

Être en désaccord avec soi-même est complexe ; ne pas réussir à s'entendre avec un nombre limité de personnes représente un problème soluble ; maîtriser les interactions avec une masse d'individus, dont on ne connaît presque aucun des membres, nous dépasse. La question dépasse aussi largement l'économie. Qu'on pense aux départs en vacances sur des routes saturées, aux déplacements chaotiques d'une assemblée confrontée à un incendie ou à tous ces retraités qui font systématiquement leurs courses à la même heure que les actifs. Les mécanismes de l'action collective constituent un thème commun à toutes les sciences sociales. Mais pour l'économiste, même si l'action collective n'est pas toujours garante de l'harmonie sociale, que le comportement d'une masse d'individus débouche sur un résultat catastrophique ne relève nullement de la fatalité.

FOULE EXUBÉRANTE ET IRRATIONNELLE

En 1996, Alan Greenspan, alors gouverneur de la Fed, estimait que l'évolution des cours boursiers relevait d'une « *exubérance irrationnelle* ». Comment des gens sensés auraient-ils pu acheter à prix d'or les titres de sociétés qui, bien qu'impliquées dans une véritable révolution industrielle (celle des technologies de l'information), ne réalisaient pour le moment que des pertes faramineuses ? Cette « bulle spéculative » n'était ni la première de l'histoire du capitalisme ni la dernière[1]. Comme chaque fois, le monde semblait marcher sur la tête. Mais si l'on veut comprendre pourquoi le Nasdaq a atteint des sommets à l'époque, il faut expliquer pourquoi Œdipe a tué son père.

La Pythie, oracle de Delphes, avait annoncé à Œdipe qu'il tuerait son père. Œdipe sortit fou furieux du temple et trucida effectivement son père. S'il n'avait pas cru l'oracle, il n'aurait pas eu l'accès de colère qui l'a conduit à occire tous ceux qui se mettaient sur son chemin en cet instant, dont son père (le père d'Œdipe, Laïos, l'avait abandonné enfant. Œdipe ne savait donc pas qui il était et croyait que la prophétie concernait son père adoptif). Sur les marchés financiers, c'est la même chose, sauf qu'on y meurt moins souvent. Un investisseur qui anticipe que le cours d'une action va augmenter est incité à acquérir le

1. Sur le sujet, on pourra se référer aux travaux de Charles Kindleberger et, pour une « *brève histoire de l'euphorie financière* », à l'ouvrage éponyme de John Kenneth Galbraith, aux éditions du Seuil, 1992.

titre. Si de nombreux intervenants formulent la même anticipation, alors la demande pour le titre croît. Un déséquilibre se forme entre offre et demande, poussant à la hausse le prix de l'action. L'anticipation des agents a été validée. Ils avaient raison, le prix a augmenté ! Le *hic* dans cette histoire, c'est que leur propre anticipation crée le mouvement. On parle d'« anticipations autoréalisatrices » : en pensant qu'un événement va se produire, les agents se comportent de telle façon qu'il se réalise.

Collectivement, tout ceci serait formidable si les arbres pouvaient « monter au ciel ». Car la conséquence logique de cette progression des cours est l'afflux de nouveaux acheteurs, titillés par les bénéfices à réaliser. Les anticipations de hausse n'ont donc aucune raison de cesser, jusqu'au moment où un petit malin retourne dans ses livres d'économie et relit le paragraphe consacré à la valeur d'une action. Il y constate que le prix d'une entreprise représente la somme actualisée de ses profits futurs. Il en déduit la « valeur fondamentale » de l'action (lesdits profits divisés par le nombre d'actions de l'entreprise), calcule le niveau théorique des profits d'après le prix actuel, et s'aperçoit que, pour justifier son cours actuel, la société dans laquelle il a investi devra réaliser des bénéfices peu imaginables. Aucun doute : son cours va forcément, et fortement, baisser. Quand ? Mystère. Mais tout n'est qu'une question de temps.

À ce stade, il commence donc à écouler ses titres, bientôt imité par d'autres investisseurs. Lorsque les cours se mettent à baisser, ceux qui ont payé cher leurs titres vont subir des pertes. Pour un prix donné, de moins en moins d'acheteurs sont disposés à acquérir le titre. Le prix baisse pour rétablir l'équilibre offre-demande. Le mouvement à la baisse se poursuit, comme il s'était autoentretenu à la hausse. La bulle « éclate ».

Comment de tels phénomènes peuvent-ils se produire, et se répéter ? Tout simplement parce qu'à un moment donné, les opinions convergent. Les rares « divergents » se rallient rapidement à l'opinion dominante : dans une situation où une majorité d'acteurs anticipent une hausse (baisse), il serait absurde de penser le contraire puisque leur seul comportement validera la prophétie ! Le mimétisme est donc une excellente stratégie.

Keynes comparait ce mécanisme à celui d'un concours de beauté : la question est moins de savoir qui est la plus belle femme, mais laquelle les autres désigneront comme telle.

Reste à savoir comment les agents qui formulent une anticipation sont assurés d'être suivis par les autres. Le phénomène n'a à vrai dire rien d'étonnant : les anticipations ne relèvent guère du hasard, mais émergent d'un cadre de référence socialement construit autour de quelques idées fortes sur la façon dont le « monde » fonctionne[2]. C'est la théorie des « conventions ». En finance, il existe ainsi une convention élémentaire, celle de la « valeur fondamentale ». Lorsqu'une nouvelle convention sur la façon dont se forme le prix d'un titre émerge, les cours s'éloignent de leur valeur fondamentale. Dans le cas des sociétés Internet, apparut ainsi l'idée que les méthodes d'évaluation traditionnelles n'étaient plus aptes à guider les investisseurs dans une « nouvelle économie ». Cette croyance eut pour conséquence des valorisations atteignant des niveaux improbables, mais acceptés un certain temps par bon nombre d'intervenants des marchés.

Lorsque la bulle éclate, la convention qui la portait est mise à mal. Le krach laisse donc place à une période de flottement.

---

2. André Orléan donne une présentation très complète de cette vision dans son ouvrage *Le pouvoir de la finance*, éditions Odile Jacob, 1999.

Cette théorie des conventions éclaire d'autres exemples récents : André Orléan évoque par exemple une convention « miracle asiatique », qui consistait à dire que l'Asie du Sud-Est ouvrait des perspectives bien plus larges que les autres continents. Mais les arbres ne montent décidément pas au ciel et la crise de 1997 a ramené beaucoup d'investisseurs à la culture du bonzaï.

Tout ceci est-il si irrationnel ? Dans la foule en délire, certains restent de marbre. Durant la formation d'une bulle, certains investisseurs continuent à élaborer des stratégies de placement basées sur des calculs fondamentaux. On les appelle d'ailleurs « fondamentalistes »[3]. Cependant, comme le disait Keynes, il vaut mieux échouer avec les conventions, que réussir contre elles. Si les autres intervenants sur un marché ont une conception erronée de l'évolution des cours, prendre une position opposée est dangereux, du moins à court terme. De sorte que de nombreux professionnels de la gestion d'actifs suivent le mouvement par crainte d'être montrés du doigt, même s'ils auraient raison d'agir autrement.

Mais ce n'est pas tout. Malgré les faillites et pertes multiples qu'elle a provoquées, la « bulle Internet » a vu naître des innovations technologiques remarquables et des sociétés désormais rentables. Toutes les périodes d'innovation intense débutent par une incertitude radicale sur les gagnants et les perdants de demain. La plupart des paris, perdus comme gagnés, ressemblent à autant d'hameçons envoyés pour « rapporter du gros » dans une dynamique de « sélection naturelle » des bonnes et mauvaises idées. Individuellement, même dans le gonflement exagéré de la

3. Warren Buffet est célèbre pour avoir bâti sa fortune sur une approche fondamentaliste des marchés, analysant la formation des prix selon la théorie dite « de l'efficience ».

bulle, le caractère rationnel des individus interpelle : « Ça monte. Je sais que ça finira par plonger. Mais si je sais dire stop au bon moment, bingo. » Bien sûr, tout le monde ne peut gagner à tous les coups.

Les paniques bancaires relèvent d'une logique identique. Même une banque en bonne santé est incapable de servir les retraits massifs de ses clients. Pris individuellement, les épargnants qui redoutent la faillite de leur établissement ont donc raison de retirer leurs fonds en urgence (comme, récemment, les clients faisant la queue devant les agences de la banque britannique *Northern Rock*). C'est peu coûteux (le temps de faire la queue), comparé à la perte subie si la banque fait faillite sans qu'ils n'aient eu le temps de solder leur compte. Collectivement cependant, on retrouve un mécanisme autovalidateur : si les clients anticipent la faillite, ils retirent leurs économies et conduisent ensemble la banque à la faillite, validant ainsi leurs anticipations.

La finance est un domaine riche en matière de ratés collectifs. Ce n'est pas le seul. L'analyse économique s'intéresse ainsi à la notion d'« équilibres multiples », par opposition à l'équilibre unique, point de référence de la théorie néoclassique. Que le hasard s'en mêle, que le risque ou l'incertitude règnent, que les agents ne disposent pas des mécanismes de coordination ou de communication nécessaires pour s'orienter vers une « bonne » solution, et c'est le « mauvais équilibre » qui peut émerger. Keynes expliquait les récessions de cette façon : si les entrepreneurs anticipent une demande faible, alors ils produiront peu, investiront peu et emploieront peu[4]. Et la conjoncture se retrouvera déprimée. De la même façon, explique Gregory Mankiw, si une firme envisage de baisser ses prix, elle stimulera la

4. C'est le « principe de la demande effective ».

demande, surtout si elle est suivie. Mais si, craignant de se retrouver seule à le faire, elle y renonce finalement, l'activité globale en pâtit.

D'autres situations relèvent de ces « échecs de coordination ». Songez à un groupe de travail où la production dépend de l'effort conjoint de ses membres, mais où il est impossible de distinguer l'effort de chacun. Chaque individu peut légitimement minimiser son effort pour éviter de travailler pour rien.

Ou encore à l'introduction d'une nouvelle technologie. Ne se révèlent véritablement séduisantes que les technologies déjà retenues par d'autres. L'utilisation d'un logiciel déjà adopté par une communauté d'utilisateurs crée, par exemple, un effet de réseau positif, du fait des partages d'informations qu'il permet et d'un apprentissage facilité par les astuces fournies par les autres. Cette stratégie n'aboutit pas forcément à retenir la technologie la meilleure. Brian Arthur décrit ce paradoxe dans un modèle d'une grande simplicité[5]. Les tout premiers utilisateurs choisissent leur technologie au hasard. Par la suite, leur choix influence celui des nouveaux utilisateurs. Plus le nombre d'utilisateurs est important et plus la technologie dominante s'impose aux nouveaux acquéreurs. Une forme de « dépendance au sentier » (*path dependency*) se crée. Et passé un certain point, aucune autre technologie ne peut émerger facilement. Citons deux exemples célèbres dans le domaine de l'informatique : le choix, dans le monde anglo-saxon, du clavier Qwerty plutôt que le modèle Azerty[6] ou le système d'exploitation Windows de Microsoft.

5. Arthur W. Brian, « Competing Technologies, Increasing Returns, and Lock-In by Historical Events », *Economic Journal*, vol. 99, n° 394, mars 1989, pp. 116-131.
6. Voir Paul A. David, « Clio and the Economics of QWERTY », *The American Economic Review*, vol. 75, n° 2, 1985, pp. 332-337.

Chaque fois, la technologie dominante n'est pas forcément la meilleure, mais l'adoption précoce par un nombre d'utilisateurs important (et par l'industriel Remington, dans le cas du Qwerty) a privé les concurrents de la possibilité de s'imposer.

Une adoption de décisions « déficientes » peut découler, de façon assez semblable, selon James Surowiecki[7], d'une « cascade informationnelle ». Lorsque l'information des agents n'est pas parfaite, il peut être sensé qu'ils se fient à la fois à leur propre information et à celle que les autres distillent par leurs actes. Ainsi, pour choisir où dîner entre deux restaurants, vous disposez sûrement d'une petite information sur leur qualité respective supposée. Mais si celle-ci n'est que partielle, vous serez tenté d'observer ce que les autres pensent. Voilà pourquoi on peut trouver côte à côte deux restaurants, l'un totalement vide et l'autre complètement plein. Au début de la soirée, les deux étaient bien évidemment vides. Les premiers clients sont entrés, par hasard, dans l'un des deux. Les autres se sont contentés de suivre... Il se peut très bien que le restaurant vide soit objectivement le meilleur. Mais la succession (la cascade) de choix dictés par des informations pourtant indirectes sur la qualité des deux restaurants a conduit à remplir le plus mauvais des deux[8]... Mais quoi de plus légitime de choisir sa table de cette façon, lorsqu'on ne dispose d'aucune autre donnée objective ? Peut-être l'engouement actuel des villes françaises pour les lignes de tramways relève-t-il également de ce genre de cascade informationelle ?

---

7. James Surowiecki, *The Wisdom of Crowds*, Doubleday, 2004.
8. Abhijit V. Banerjee, « A Simple Model of Herd Behavior », *The Quarterly Journal of Economics*, vol. 107, n° 3, 1992, pp. 797-817.

Les clés de la sagesse des foules

Si Surowiecki reconnaît tous ces cas de défaillance collective, la thèse développée dans son ouvrage *The Wisdom of Crowds* est tout autre. Pour lui, l'intelligence d'une foule est réelle. Il soutient même qu'une masse d'individus se révèle parfois plus capable de régler des problèmes complexes que n'importe lequel des individus qui la composent. Qu'il s'agisse de la conduite dans les embouteillages, des problèmes d'Enron, du choix des dirigeants politiques dans une démocratie, de l'organisation des entreprises, de la diffusion des innovations technologiques, de l'organisation de la recherche scientifique, de l'explosion de la navette spatiale *Challenger*, ou de la longueur des files d'attente au supermarché...

Ainsi, la plupart du temps, un candidat à « Qui veut gagner des millions ? » a tout intérêt à suivre l'avis du public (Surowiecki relève un taux de bonnes réponses de 91 %). Lorsque *Challenger* explosa, dans les heures qui suivirent, la firme qui avait fabriqué le O-Ring, composant responsable de l'accident (ce que l'on ne sut que plus tard), vit le cours de son action baisser significativement plus que celui des autres entreprises impliquées dans la construction de la navette. Si Google vous permet de trouver en une fraction de seconde une information qui vous donne si souvent satisfaction, c'est que le moteur de recherche utilise le jugement de milliers de pages publiées pour évaluer la pertinence d'un site sur une requête donnée. Il existe un système de paris aux États-Unis où l'on mise sur les résultats des élections (l'Iowa Electronic Market), qui, s'il ne réunit guère plus de 800 parieurs, a néanmoins donné des résultats exceptionnels en termes de prédiction lors de quarante-neuf élections américaines entre 1988 et 2000.

Cette capacité des foules à déterminer la bonne solution dépend cependant de la réalisation simultanée de quatre conditions. En premier lieu, les individus composant le groupe doivent manifester une grande variété d'opinions. La profusion des points de vue rend possible la prise en compte d'alternatives diverses. Même si certaines sont fortement improbables, leur présence impose au groupe un regard non biaisé sur une situation de décision. On risquerait, sinon, de se retrouver dans la même situation que bien des entreprises ou des lieux de décision publique, dans lesquels le conformisme des grilles d'analyse des experts (une façon formatée d'appréhender les problèmes) tend à réduire la réflexion à un point de vue unique.

Deuxièmement, ces opinions doivent être indépendantes, c'est-à-dire non influencées par le jugement des autres. La chose n'est pas aisée, dans la mesure où nous vivons tous dans un environnement social donné où l'avis et le regard des autres influent sur notre vie, comme l'ont démontré les mécanismes de bulles financières (ou de choix d'un restaurant) évoqués plus avant.

Troisièmement, les jugements doivent s'exercer dans un cadre décentralisé. Chaque individu doit être capable de se spécialiser sur une partie du problème et de fonder ses décisions sur un savoir local. La décentralisation constitue un gage d'indépendance et de diversité des opinions. Le fonctionnement de la communauté des logiciels libres (dont le système d'exploitation Linux est l'archétype) illustre ces vertus. Chaque développeur intervient à son niveau, sur un axe de travail que personne ne lui a imposé et qu'il retranscrit selon sa perception du problème et ses compétences propres. Est-ce à dire qu'il ignore ce qui se passe hors de sa sphère ? Non. Il sait à tout moment qu'il s'intègre dans un ensemble de développement plus vaste dans lequel sa production devra trouver sa place.

Enfin, il convient d'ajouter une dernière condition pour que l'intelligence collective se réalise : la coordination. Il doit être possible d'agréger les différents choix pour en déduire une opinion moyenne. Et c'est possible, a démontré Surowiecki.

À Santa Fe il y a ainsi un bar, le *El Farol*, fréquenté par Brian Arthur, du Santa Fe Institute. Arthur a modélisé la fréquentation de l'établissement : au-delà de 60 % de remplissage, le bar devient nettement moins agréable. Alors comment prévoir la fréquentation ? Comment décider de s'y rendre ou non un vendredi soir ? Arthur élabore une série de simulations, dotant ses individus virtuels de stratégies différentes et plus ou moins complexes (par exemple : si la dernière fois, je ne me suis pas amusé, je n'y vais pas). Le résultat étonnant qu'il obtient est qu'en moyenne le bar connaît toujours un taux de remplissage de 60 % ! Autrement dit, des façons de réfléchir et des comportements très différents conduisent à un optimum pour le groupe.

D'autres situations reposent sur des mécanismes de coordination qui émergent sans effort particulier de la part des individus concernés. Certaines sont explicitement construites (code de la route). D'autres sont le produit d'une connaissance commune construite au fil des interactions entre individus. Thomas Schelling a ainsi développé la notion de « point focal » : dans les années 1950, il demanda à des étudiants où et à quelle heure ils iraient dans New York pour retrouver leurs camarades, s'ils n'avaient pas la possibilité de s'entendre à l'avance sur un point de rendez-vous. Il constata qu'un nombre étonnant d'entre eux seraient parvenus à le faire[9]. Dans une autre

9. Bon nombre d'entre eux répondirent qu'ils iraient à 9 heures du matin au point information de l'arrêt de métro Grand Central Station.

expérience, Schelling demanda à deux individus de choisir, séparément et sans communiquer, comment partager entre eux 100 dollars, sachant que si la somme des montants que chacun s'attribue dépasse 100 dollars, personne n'aura un seul cent. La quasi-totalité des participants à l'expérience opta pour 50 dollars. Le partage égalitaire est un point focal, dicté par la rationalité autant que la culture.

Au total, si les quatre conditions de diversité, indépendance, décentralisation et agrégation sont remplies, alors la masse est plus intelligente que les individus qui la composent. Entre hystérie collective et sagesse des foules, la frontière est parfois ténue.

Partie VI

Finir sa vie tout seul (ou avec un caniche)

21

La publicité n'est pas si nuisible

« There is no doubt that McDonald's and other companies tend to increase their revenues when they raise advertising budgets – otherwise, companies would not be spending as much on advertising. But most of the increase in sales to a company when it advertises more tends to come at the expense of sales by competitors. »

Gary BECKER

« Dieu lui-même croit à la publicité : il a mis des cloches dans les églises »

Aurélien SCHOLL

Près de 30 milliards d'euros sont dépensés en France chaque année pour la publicité, soit environ 2 % du PIB, presque l'équivalent du budget de la Défense, une fois et demie celui de l'Enseignement supérieur. Le budget publicité de General Motors atteint 3,5 milliards de dollars par an, et au niveau mondial, ce sont 400 milliards de dollars qui sont affectés à la promotion des produits. Pas une broutille, vous en conviendrez.

L'analyse économique de la publicité a cependant quelque chose de surprenant. Coincée entre le marketing et la sociologie, elle représente un domaine de recherche actif depuis les premières intuitions d'Alfred Marshall (1919) et Edward Chamberlin (1933) jusqu'aux travaux les plus récents[1]. Mais c'est une branche discrète, dont les idées n'arrivent généralement pas aux oreilles du grand public. Elle n'est pas non plus un sujet d'études particulièrement médiatisé dans le milieu académique, en dépit de la renommée de ceux qui ont publié des travaux en la matière.

L'économiste n'aime pas la pub, ni ne la déteste. À ses yeux, les seules questions qui vaillent sont de savoir par quel biais la publicité agit sur les individus, mais, surtout, si elle favorise leur bien-être, la concurrence, ou la qualité des biens.

Et de fait, si la publicité est souvent synonyme de manipulation, de prix élevés et de gaspillages, elle peut aussi se révéler un stimulant efficace de la concurrence et une source d'information enrichissante pour le consommateur.

À QUOI SERT LA PUBLICITÉ ?

La publicité est persuasive, en ce sens qu'elle altère les préférences. Elle modifie les choix du consommateur entre les alternatives possibles.

La publicité informe. Elle aide à découvrir produits, entreprises, marques et prix plus facilement. Elle réduit les coûts de recherche de l'information.

---

1. Pour une revue complète de la littérature, voir Kyle Bagwell, « The Economic Analysis of Advertising », dans Mark Armstrong et Rob Porter (éd.), *Handbook of Industrial Organization*, vol. 3, North-Holland, 2007, pp. 1701-1844.

Pour George Stigler et Gary Becker, la publicité a une troisième fonction. Elle est un bien demandé pour lui-même ou, plus exactement, en complément. Acheter une voiture à 50 000 € est inutile ou presque, si personne ne sait combien elle coûte. Certes, il reste toujours les qualités intrinsèques de ce véhicule. Mais la publicité donne (gratuitement) un petit coup de pouce au prestige social. La satisfaction tirée de la consommation d'un bien s'accroît avec la publicité et le prestige qu'elle induit.

Faire une mauvaise pub à la publicité ?

Est-il utile de consacrer autant de ressources à vanter les mérites réels ou supposés de biens et services ? La publicité ne brouille-t-elle pas les règles de fonctionnement d'une économie de marché ? En partie. Mais, pas toujours.

Barrer l'entrée

La publicité joue certes un rôle de barrière à l'entrée. Les entreprises peuvent l'utiliser pour rendre les consommateurs captifs de leur marque et leur faire appréhender comme risqué tout changement de produit. Pour avoir une chance de les séduire, les concurrents potentiels se retrouvent alors forcés, eux aussi, de communiquer. Leur investissement sera-t-il rentable ? Le coût risque d'être élevé. Dans certains cas, une forte fidélité des consommateurs à leur marque habituelle peut rendre vaine toute tentative d'incursion, même si l'entrant propose une offre de bon niveau.

La publicité constitue par ailleurs un signal envoyé aux entrants potentiels par la firme en place : soit qu'elle est prête à investir lourdement pour préserver ses parts de marché (ce qui force à réaliser de gros investissements pour la déloger), soit qu'elle est capable de dégager des bénéfices malgré des dépenses publicitaires élevées (ce qui peut refroidir les ardeurs du nouveau venu).

In fine, cette bataille publicitaire se solde négativement pour les consommateurs qui gagneraient à l'arrivée de nouveaux concurrents : la firme en place s'arroge un pouvoir de marché nuisible, puisqu'il conduit à des prix élevés et à une qualité incertaine.

Moins de pub, mieux de pub ?

Mais le surinvestissement dans la publicité n'est pas une fatalité. La firme installée peut aussi, au contraire, choisir un moyen inattendu pour menacer le concurrent potentiel : dépenser peu en publicité ! Elle laisse ainsi entendre qu'elle est si performante qu'elle peut se permettre de négliger la recherche de consommateurs captifs.

La publicité se révèle aussi parfois un bon stimulant pour la concurrence. Elle met en lumière l'existence de produits concurrents et améliore ainsi, à moindre coût, l'information du consommateur. Les prix ont tendance à être plus bas et moins dispersés, car il devient plus complexe de pratiquer des prix différents pour des biens et services relativement proches.

Différencier

Pour éviter une concurrence frontale sur leurs produits pas forcément très originaux, les entreprises cherchent souvent à les différencier. Un marché de ce type est qualifié de « concurrence monopolistique ». S'y côtoient des éléments de monopole et de concurrence. Un bon exemple est celui des romans. Un roman policier et un roman de science-fiction font d'excellentes lectures de plage, indépendamment de leurs contenus respectifs. Pour autant, ce ne sont pas les mêmes livres. Les amateurs de romans policiers peuvent lire les deux types d'ouvrage, mais avec une préférence pour le policier. Pour les éditeurs de romans policiers, ces clients sont en partie captifs. Toutefois, ils peuvent se tourner vers la littérature futuriste, si l'offre ne leur convient pas. Symétriquement, les amateurs de SF peuvent la délaisser pour la même raison.

La publicité constitue justement un redoutable outil de différenciation. Elle permet de se démarquer plus aisément, en affirmant haut et fort que le bien vanté a ce « petit plus » introuvable ailleurs.

En créant une clientèle partiellement captive, elle pousse les prix vers le haut. Mais puisque les consommateurs sont malgré tout susceptibles de se tourner vers des produits proches, l'entreprise en concurrence monopolistique ne peut pratiquer des prix trop élevés par rapport à ses concurrents. L'effet de la publicité agit donc à double sens.

La guerre des pubs

Cependant, les dépenses publicitaires peuvent se révéler excessives. Si la publicité influe effectivement sur les ventes (ce qui est constaté, à court terme), une entreprise a intérêt à surenchérir sur ses concurrents. Les acteurs se retrouvent alors engagés dans une sorte de « course aux armements ». Chacun souhaite émettre toujours un message de plus que les autres, qu'importe son contenu. Par exemple : songez à cet homme que l'on pend la tête en bas, chaussures collées au plafond, pour démontrer qu'une colle est plus forte que ses concurrentes. Certes, le message est impressionnant. Mais totalement inutile si un concurrent fait la même démonstration avec, pourquoi pas, un éléphant. Dans ce genre de situations, les dépenses de publicité entraînent un gaspillage de ressources.

D'autant que la qualité des messages publicitaires s'en ressent : quand l'objectif se limite à communiquer toujours plus que les concurrents, inutile de perdre son temps à vanter les mérites d'une lessive *via* des arguments techniques, aussi informatifs soient-ils. Le concurrent répliquera de la même façon. Seule solution pour « gagner » la bataille de la notoriété : diffuser plus de messages que lui ou imaginer des spots plus marquants. C'est pourquoi l'on invite une star du ballon rond à vanter des produits d'assurance. Ou des automobiles. Pourquoi ? Parce qu'il le vaut bien.

Cette problématique est typique du « dilemme du prisonnier », célèbre problème de la théorie des jeux. Soit deux entreprises concurrentes qui choisissent leur budget publicitaire. Pour une firme, le problème est de savoir quel niveau l'autre choisira. On suppose deux niveaux de dépenses possibles : 1 € et 3 €. Le marché à se partager est de 6 €. Quand les dépenses investies dans la publicité sont identiques pour les deux firmes, le marché se partage à égalité entre les deux (3 € chacune). Lorsqu'un des concurrents choisit de dépenser 1 € et l'autre de dépenser 3 €, celui qui a investi 3 € rafle tout le marché. On peut résumer le jeu existant entre les deux concurrents (A et B) avec la matrice de gains suivante :

	B dépense 1 €	**B dépense 3 €**
A dépense 1 €	A gagne 2 B gagne 2	A perd 1 B gagne 3
A dépense 3 €	A gagne 3 B perd 1	A et B ne gagnent rien

Quand A dépense 1 € et que B dépense 1 €, ils obtiennent tous deux un profit égal au CA réalisé (3 €), moins le coût de la publicité pour un faible niveau de dépenses (1 €), soit 2 €. Quand A dépense 1 € et que B dépense 3 €, A ne gagne rien, mais perd le coût de la publicité (1 €), d'où une perte de 1 €. B gagne dans le même temps 6 € et perd le coût de la publicité (3 €), d'où un gain de 3 €. Aucun des deux ne peut prendre le risque de dépenser moins que l'autre. Chacun dépensera donc 3 €, pour un gain nul, puisque les deux font la même chose. Pourtant, il serait plus intéressant que les deux dépensent 1 €. Dans ce cas, ils gagneraient 2 € chacun.

Peut-on espérer que la meilleure situation (tout le monde gagne 2 €) émerge de l'interaction des concurrents ? Les deux cas où les deux entreprises choisissent le même niveau de dépenses correspondent à deux « équilibres de Nash », des situations où aucun des deux joueurs n'a intérêt à changer son choix, s'il croit que l'autre jouera le même équilibre. Le problème c'est qu'il est impossible pour A de penser que B dépensera 1 € si B pense que A investira 3 €. Si A pense que B paiera 1 €, il doit dépenser 3 €. Comme B fait face au même problème, il ne paiera pas 1 € non plus. La seule issue rationnelle dans ce jeu « non coopératif » est que les deux joueurs choisissent de payer 3 €. Le gaspillage se mesure par les 4 € perdus par les deux entreprises.

Un signal parasité

Dans la perspective informative, la publicité annonce une qualité, initialement inconnue des clients. La publicité est un signal : les entreprises proposant des produits de bonne qualité montrent qu'elles sont prêtes à dépenser des sommes conséquentes pour alerter le public sur la bonne tenue de leur production.

Mais comment expliquer que l'on se sente parfois floué ? Tout simplement, certaines entreprises jouent sur le fait que les consommateurs croient en la théorie du signal pour vendre, cher, un produit qui ne tient pas ses promesses. Évidemment, l'acheteur ne se laissera pas prendre deux fois. Vendre de mauvais produits à des prix élevés est difficilement soutenable dans le temps. Mais sporadiquement, ce type de manœuvres peut évincer des concurrents offrant des produits de qualité bien supérieure, à des coûts un tout petit peu plus élevés.

Une nuisance tolérée

Certains ne supportent pas la publicité. Elle gâche le paysage, coupe les films et interrompt les émissions de radio. L'analyse économique de la publicité délaisse fréquemment cet aspect. On peut néanmoins résumer ainsi son point de vue : les nuisances générées par la publicité sont assimilables à des « externalités » négatives. L'action d'un individu (l'annonceur) produit un impact négatif sur d'autres individus, sans que ceux-ci ne soient indemnisés pour la gêne occasionnée. Il en va ainsi de l'obligation de vivre au milieu des affiches publicitaires, pour laquelle un individu ne peut exiger de réparation : les paysages urbains n'appartiennent à personne, et personne ne peut donc exiger seul que les façades soient dépourvues d'affiches, car leur vue appartient à tout le monde.

En réalité, il semble que la plupart des consommateurs acceptent les publicités, du fait des avantages qu'ils en retirent par ailleurs : être informés sur certains produits, payer moins cher des journaux largement financés par les annonces publicitaires, voire bénéficier d'une tarification du ticket de métro un peu plus favorable.

Trop de pub tue la pub

Dans de nombreuses situations, la publicité peut de toute façon être partiellement ou totalement évitée. C'est vrai dans les journaux où il est peu coûteux de la « zapper » en tournant les pages. C'est aussi possible à la télévision (zapping, enregistrement, lecture différée, etc.). Et pourtant : les débats autour de la suppression de la publicité sur les chaînes de télévision publiques montrent que la question n'est pas simple. Supprimer la publicité, c'est supprimer la nuisance qu'elle engendre pour les téléspectateurs, mais c'est aussi poser directement la question d'une hausse de la redevance télévisuelle. Le gain obtenu compense-t-il le coût supplémentaire ?

La publicité est contrainte à l'autorégulation : il s'avère peu rentable d'obliger les gens à supporter les publicités qui ne les intéressent pas. Lorsqu'une chaîne fait payer à un annonceur la diffusion d'un message à une heure de grande écoute, le prix facturé est élevé, en raison de la forte audience. Pourtant, dans la masse de personnes touchées, un nombre non négligeable de téléspectateurs ne réagiront pas au stimulus, alors même qu'ils entrent, au moins partiellement, dans le calcul du prix demandé.

De même, le diffuseur n'a pas intérêt à « inonder » son public de publicités. L'audience risque de chuter, entraînant une baisse du prix qu'il peut réclamer à l'annonceur. C'est une des particularités de ces marchés à deux versants (*two sided markets*) : la taille du réseau (le nombre d'individus suivant les programmes) représente un élément crucial de la rentabilité, aussi bien pour le diffuseur que pour l'annonceur.

C'est pourquoi le développement des canaux de diffusion numérique souvent spécialisés montre la voie probable des années à venir. La publicité y serait plus informative et plus ciblée. Grâce à des programmes spécialisés, plus nombreux et plus variés, il devient possible d'accroître l'efficacité du message, en le réservant aux seuls clients potentiels.

L'économie remise à sa place

L'économiste doit-il intégrer à son analyse la question de la décadence (réelle ou supposée) d'une jeunesse abreuvée de spots vantant les mérites d'une « malbouffe » ? Celle des publicités stéréotypées avilissant la femme, ramenée au rang de simple objet ? À vrai dire, il s'en garde bien. Devrait-il le faire ? Sans doute faut-il laisser la discipline dans son rôle. L'économie analyse la façon dont les moyens sont mis en œuvre pour atteindre des buts déterminés. Certains développements récents, liés à la neuroéconomie[2], permettent cependant d'entrevoir la place que pourraient prendre les travaux économiques en la matière, par exemple en ce qui concerne la réglementation de la publicité. L'étude spécifique des comportements économiques (réaction du consommateur à la diffusion d'un message, évaluation psychologique de la fidélité à l'égard des marques) et l'application des outils caractéristiques de la discipline (analyse coût-bénéfice, par exemple) présentent certainement un intérêt pour le décideur.

2. Voir le chapitre consacré à la rationalité en économie.

22

Patrick Juvet connaît l'économie

Elles ne parlent plus d'amour
Elles portent les cheveux courts
Et préfèrent les motos aux oiseaux
Elles ont dans le regard
Quelque chose d'un robot
Qui étonne même les miroirs
Où sont les femmes ?

Patrick JUVET, *Où sont les femmes ?*

S'il y a un endroit au monde où Patrick Juvet aura bien du mal à trouver réponse à sa question, c'est la communauté des économistes. S'il compte 58 lauréats depuis sa création en 1969, le prix Nobel d'économie n'a jamais été décerné à une femme. Mais même s'il avait existé avant, peu de femmes auraient pu y prétendre, à une exception près, la Britannique Joan Robinson, dont peu d'économistes contemporains seraient capables d'identifier les travaux (à tort d'ailleurs). Jusqu'à une date récente, l'économiste femme la plus connue était la spécialiste d'histoire économique Deirdre MacCloskey ; mais jusqu'en 1995, et sa décision de changer de sexe, celle-ci était connue sous le nom de Donald MacCloskey. Si toutes les disciplines académiques abstraites et formalisées sont marquées par une forte majorité masculine, l'économie l'est tout particulièrement.

Même extrême, la situation de l'économie ne fait que refléter un phénomène bien connu, celui des inégalités professionnelles entre hommes et femmes. En Europe, les salaires féminins sont en moyenne[1] inférieurs aux salaires masculins de 16 % ; 6 % seulement des universitaires femmes ont le rang de professeur (13 % en France) ; les femmes sont sous-représentées dans les lieux de pouvoir, comme l'Assemblée nationale française. La situation semble un rien meilleure dans les grandes entreprises (36 % des chefs d'entreprises sont des femmes en France, un record européen), mais cela ne reste pas très brillant (40 % des hommes bacheliers exercent des emplois de cadres en France, contre 7 % des femmes). Surtout, ces inégalités ont cessé de diminuer depuis une dizaine d'années. Comment expliquer de telles différences ?

Un premier groupe d'explications réside dans l'affirmation de différences intrinsèques entre hommes et femmes. Par exemple, les hommes ont des qualités qui les prédisposent à exercer les professions dirigeantes, qui sont les mieux rémunérées. Ou alors, les femmes n'ont que peu de goût pour ce type de postes, préfèrent laisser aux hommes la lutte pour les places dominantes, et choisissent des emplois qui se trouvent être moins bien rémunérés. Elles peuvent aussi souhaiter plus fréquemment que les hommes exercer un emploi à temps partiel, ce qui mécaniquement conduit à des différences salariales.

---

1. Voir à ce sujet, et de façon générale sur la question de l'écart de rémunération hommes-femmes, le blog ecopublix : http://www.ecopublix.eu/2007/04/par-overzelus-je-ne-doute-pas-cher.html.

Un second groupe d'explications repose sur l'existence de discriminations contre les femmes. Sur la base de préjugés, les femmes se verront exclues des emplois à responsabilité et à salaire élevés ; ou alors, à compétence et secteur d'activité égaux, elles reçoivent une plus faible rémunération. Ces discriminations ne sont pas nécessairement le fait de personnes particulières. Elles viennent de l'organisation de la société et des institutions, qui conduisent les femmes à exercer une « double journée de travail » en prenant une forte part des tâches ménagères lorsqu'elles ont fini leur travail salarié.

Pour mesurer la part relative des discriminations et des caractéristiques intrinsèques, des économistes ont essayé de décomposer statistiquement l'écart salarial entre hommes et femmes[2]. 40,9 % de cet écart proviendrait de différences de temps de travail (plus de femmes travaillent à temps partiel que d'hommes), 43,7 % de différences individuelles (interruptions de travail liées aux enfants, différences de types d'emplois), les 15,4 % restants seraient alors la mesure de la part des discriminations dans cet écart salarial. Lorsqu'on se limite aux salariés à temps complet, la moitié de l'écart salarial reste inexplicable, et donc potentiellement justifiée par des discriminations.

Cependant, cette distinction entre discriminations et facteurs intrinsèques est en partie artificielle, dans la mesure où bon nombre de facteurs « intrinsèques » peuvent avoir pour origine des discriminations. À force de rencontrer des obstacles dans leur vie professionnelle, des femmes peuvent décider que, finalement, il est préférable de limiter leurs ambitions professionnelles et de trouver

2. Voir D. Meurs et S. Pontieu, « Une mesure dans la discrimination dans l'écart de salaires entre hommes et femmes », *Économie et Statistiques*, 2000.

leur épanouissement personnel ailleurs. Il est également possible que des discriminations proviennent simplement de ce que les employeurs ont constaté que les femmes ne convenaient pas à certains types d'emplois. Comment alors faire la part des choses ?

Il n'est pas difficile de trouver des indices allant dans le sens de discriminations envers les femmes. En 1983, une étude a demandé à un groupe de 360 personnes (une moitié de femmes, une moitié d'hommes) d'évaluer des travaux de sciences sociales (politique, éducation, etc.) sur une échelle de cinq points. Le même travail obtenait un point de plus en moyenne lorsque son auteur était nommé « John T. McKay » que lorsqu'il était nommé « Joan T. McKay ». Des résultats semblables ont été observés dans le recrutement des orchestres symphoniques, les femmes obtenant de meilleures notes lorsque les candidats sont examinés anonymement derrière un rideau (et que le jury ne peut évaluer que la musique) que lorsqu'ils sont visibles par le jury. Plus récemment, on a demandé à des étudiants de Princeton de juger des candidats à l'embauche pour un travail d'ingénieur hautement qualifié. Dans un premier test, l'un des candidats avait de meilleurs diplômes, l'autre une plus grande expérience professionnelle ; les étudiants ont choisi le candidat avec plus de diplômes dans 75 % des cas. Mais lorsque les candidats étaient présentés comme homme et femme, et que le candidat avec plus de diplômes était une femme, celle-ci n'était plus choisie que par 48 % des étudiants.

De façon plus anecdotique, une étude récente[3] a montré que le temps d'attente moyen des femmes pour être servies dans un café type *Starbucks* était significativement

3. C.K. Myers, « Ladies first ? A field study of discrimination in coffee shops », sur http://ideas.repec.org/p/mdl/mdlpap/0711.html.

supérieur à celui des hommes, même en prenant en compte des différences de produit commandé. Les discriminations envers les femmes dans les activités économiques sont, de façon générale, bien documentées[4].

Qu'en est-il des différences intrinsèques entre hommes et femmes ? Là aussi, quelques études soulignent des différences. Une expérience[5], en particulier, aboutit à des résultats remarquables. Quatre personnes, deux femmes et deux hommes, se voient imposer un exercice de calcul : trouver de tête le résultat de la somme de nombres de deux chiffres (par exemple 21 + 47 + 23 + 17 = ?) pendant cinq minutes. On constate alors que, s'il existe des différences entre les participants, celles-ci n'ont rien à voir avec leur sexe.

Ensuite, on propose un gain aux participants. Mais deux modes de rémunération sont proposés. Le mode de rémunération « forfaitaire » consiste à recevoir 0,5 $ par calcul juste ; le mode de rémunération « tournoi » conduit à recevoir 2 $ par calcul juste, mais à une condition : avoir obtenu plus de bons résultats que les trois autres participants à l'épreuve. Pour un individu qui ignore comment il se place par rapport aux autres, le choix entre les deux modes de rémunération est neutre (en moyenne, il touchera autant quel que soit le mode choisi). Que constate-t-on ? Alors qu'hommes et femmes réussissent l'exercice de la même façon, et que le jeu traite les unes et les autres de façon strictement égale (pas de discrimination), plus de 75 % des hommes choisissent le mode « tournoi » contre moins d'un quart des femmes. Paradoxe supplémentaire : la

---

4. Voir J. List, « The nature and extent of discrimination in the marketplace : evidence from the field », sur http://economics.uchicago.edu/download/JLISTdisc.pdf.
5. M. Niederle et L. Vesterlund, « Do women shy away from competition ? Do men compete too much ? », *Quarterly Journal of Economics*, 2006.

majorité des hommes les plus faibles en calcul choisissent le mode tournoi (qui les désavantage), alors que la majorité des femmes les meilleures en calcul choisissent le mode forfaitaire qui leur apporte un gain plus faible !

Comment expliquer ces comportements ? Pour les auteurs, ils s'expliquent par des différences de confiance en soi entre les hommes et les femmes. Les psychologues connaissent bien un biais, dont nous sommes tous affligés, consistant à avoir une confiance excessive dans ses propres capacités et talents[6]. Plus de 80 % des gens, lorsqu'on les interroge, déclarent être de meilleurs conducteurs que la moyenne ; lorsqu'on demande à des étudiants de donner une note à leurs camarades, puis d'évaluer la note que ceux-ci leur ont donnée, tous se donnent une note supérieure à celle qu'ils ont eue effectivement. De manière générale, seuls les dépressifs, qui ont une très mauvaise image d'eux-mêmes, se décrivent d'une façon qui correspond à celle dont les autres les voient[7].

Or il semble que ce biais de confiance excessive soit beaucoup plus marqué chez les hommes que chez les femmes. Cette différence explique l'essentiel de l'écart hommes-femmes dans le choix entre les divers modes de calcul. Les hommes ont tendance à surestimer leurs chances de réussite face à un environnement compétitif, alors que les femmes ont plutôt tendance à sous-estimer les leurs. Des résultats proches de celui-ci ont été signalés dans un livre qui a fait beaucoup de bruit lors de sa sortie aux USA, intitulé *Women don't ask* (« Les femmes ne

---

6. Voir D. Gilbert, *Stumbling on Happiness*, *op. cit.*
7. Les dépressifs ne se trompent que sur une chose dans leur diagnostic sur eux-mêmes : leurs chances de sortir de dépression, qu'ils sous-estiment considérablement.

demandent pas »)[8]. Les auteurs y relevaient notamment que les diplômées en master de l'université de Carnegie Mellon recevaient un salaire d'embauche inférieur de 7,4 % à celui des diplômés hommes, parce que ces derniers négociaient plus souvent leur salaire à la hausse. Est-ce une intériorisation des discriminations de la part des femmes, ou le résultat de caractéristiques intrinsèques (après tout, les hommes qui négocient peu leurs salaires se retrouvent dans la même situation) ? Difficile de le savoir.

En 2005, le président de l'université de Harvard, Larry Summers (un économiste, évidemment), avait fait scandale, au point d'être finalement renvoyé de son poste, en déclarant lors d'une conférence qu'il était possible que ces différences entre hommes et femmes soient innées. S'appuyant sur le fait que les quotients intellectuels des hommes, à moyenne égale, sont plus dispersés que ceux des femmes (ce qui signifie qu'il y a beaucoup plus d'hommes que de femmes à très faible et très fort QI), il en avait déduit que ce facteur pouvait expliquer, parmi d'autres, la plus forte représentation des hommes dans les activités académiques exigeant des performances intellectuelles très élevées. Le problème de cette explication (au-delà du scandale qu'elle avait produit) est double. Premièrement, personne ne sait exactement dans quelle mesure le quotient intellectuel est déterminé par des facteurs innés. Il est tout à fait possible que des discriminations dès le plus jeune âge, entre filles et garçons, conduisent ceux-ci à être plus stimulés par leur environnement vers le travail intellectuel que les filles. Après tout, jusqu'à la puberté, filles et garçons obtiennent des résultats scolaires pratiquement identiques, un peu meilleurs pour

8. L. Babcock et S. Laschever, *Women don't ask : negociation and the gender divide*, Princeton University Press, 2003.

les filles. Ce n'est qu'ensuite que les divergences commencent, et s'amplifient, à niveau d'études égal.

Mais surtout, les phénomènes de discrimination sont beaucoup plus visibles que les différences intrinsèques entre les personnes. Cela fait qu'à QI égal, il est beaucoup plus facile pour un homme de suivre une carrière universitaire que pour une femme. S'attacher à des différences intrinsèques peu évidentes à déceler conduit simplement à passer à côté des causes majeures des différences entre hommes et femmes.

Ces différences ne sont pas sans conséquences sur la société. Si l'on suit l'argument selon lequel les femmes sont moins attirées que les hommes vers les environnements compétitifs, comme la quête de positions hautes dans diverses hiérarchies, cela signifie que ces hiérarchies, dans les entreprises comme dans le pouvoir politique, sont remplies d'hommes incompétents mais persuadés d'être bien meilleurs qu'ils ne le sont. Faciliter l'accession des femmes aux positions de pouvoir conduirait alors à une amélioration du niveau moyen des dirigeants. Vues sous cet angle, les lois sur la parité hommes-femmes ne manquent pas d'intérêt.

Et chez les économistes ? Nous avons vu précédemment que les femmes sont très peu représentées dans la profession ; mais cette situation change à toute vitesse. Si la proportion de femmes parmi les doctorantes en économie reste très faible, elle est néanmoins sept fois plus élevée que dans les années 1960. En 2007, la médaille John Bates Clark (remise tous les deux ans à un économiste de moins de 40 ans) a été décernée pour la première fois (en soixante ans) à une femme, Susan Athey. Et il existe une longue liste de femmes économistes très renommées, parmi lesquelles Anne Krueger (ancienne chef-économiste du FMI, spécialiste de finance internationale), Esther Duflo (dans le domaine de l'évaluation des politiques d'aide au développement), Emily Oster, Betsey Stevenson, ou la Française Hélène Rey[9]. Beaucoup de ces femmes ont moins de 40 ans et sont déjà très favorablement considérées dans la communauté des économistes.

Et cette évolution est bienvenue. Si dans les sciences « dures » on peut admettre que l'objet d'études est tel que le sexe des scientifiques n'a pas d'importance[10], dans les sciences sociales, il n'en est pas de même. L'*homo economicus*, calculateur égoïste qui maximise sa satisfaction, est de façon assez évidente un stéréotype masculin. La tendance parfois excessive au formalisme chez les économistes est elle aussi une caractéristique plutôt masculine. Il n'est pas impossible que l'arrivée des femmes dans la profession des économistes soit l'occasion de prendre en compte des sujets d'études et des modes d'analyse nouveaux, qui permettraient de résoudre certaines des difficultés rencontrées dans la discipline. Étant donné les évolutions actuelles de l'économie, c'est le moment propice pour que les femmes y apportent quelques idées neuves.

---

9. Liste bien entendu non exhaustive, et l'auteur prie les nombreuses oubliées de cette liste de l'en excuser.
10. Ce qui n'est pas certain d'ailleurs.

23

Les économistes ne votent pas (tous) à droite

« 95 % des économistes médiatiques sont de droite et ça ne choque personne (à part nous, les résistants). Quand l'un d'eux est de gauche, patatra, le bourgeois crie au complot. »

Un lecteur du journal *Le Monde*

*« Only a small percentage of AEA {*American Economic Association*} members ought to be called supporters of freemarket principles. {...} It is puzzling, therefore, that there is a general impression that economists tend to be supporters of the free market. »*

Daniel B. Klein et Charlotta Stern

L'opinion est formelle : économiste, un job de droite

Il fut un temps où les économistes étaient connus, du moins en France, comme des technocrates planificateurs. Leur rôle consistait à échafauder des politiques interventionnistes visant à museler les prix, accroître la production en mettant tous les travailleurs dans des chaînes de production efficaces et garder les profits des entreprises sous la surveillance de l'appareil d'État, seul chef d'orchestre viable de la croissance économique. Ce temps, déjà lointain, est révolu. Dans une grande partie de l'opinion, les années 1980 et 1990 ont grandement transformé l'image de la profession.

Aujourd'hui, pour beaucoup, l'économiste porte des costumes gris, utilise un jargon élitiste et stéréotypé, considère que nos vies valent moins que « leurs profits », mesure la pauvreté par des chiffres plutôt que par le nombre des enfants qui meurent de faim, nie l'existence des coups de foudre au nom de la rationalité des appariements conjugaux, mesure le bonheur au travers de sigles ridicules (PIB, PNB, RDB, RDN et *tutti quanti*), conseille de protéger les rentiers de l'inflation plutôt que les ouvriers empruntant pour acquérir un logement. Il critique la pression fiscale au détriment du service public, affame les populations du Sud au nom d'un paradis de libre-échange qui n'a jamais existé et n'existera jamais, mais encourage les délocalisations. L'économiste est de droite, l'affaire est entendue. Ce ne sont pas les quelques héros de « l'autre économie », celle qui « remet l'homme au centre de l'économie », qui changeront la donne et éviteront à un économiste d'être sifflé à la fête de l'Huma. Bref, l'économiste est un « valet du grand capital », point.

Philippe, Thomas et Ségolène

Pourtant, observer les incursions des économistes dans la vie politique réserve quelques surprises.

2007, élections présidentielles en France. Alors que peu d'économistes semblent soutenir Nicolas Sarkozy et François Bayrou, Ségolène Royal reçoit l'appui d'un nombre non négligeable d'entre eux. Stupeur et tremblements. Qu'a-t-il pu passer par la tête de cette tripotée de « scientifiques lugubres » pour venir aider une candidate de gauche ? Certains feront valoir une prédisposition culturelle atypique des universitaires français à tendre vers la gauche. D'autres affirmeront que la candidate du PS n'est pas de gauche. Certains, encore, blâmeront ces chercheurs qui vendent leur âme de scientifique à l'idéologie.

Reconnaissons que les économistes universitaires français diffèrent quelque peu de leurs homologues étrangers. Leur opinion et leur lecture des faits ont tendance à marquer un biais à gauche[1]. Tel ne semble pourtant pas être le cas d'un certain nombre des soutiens de Ségolène Royal. Une hypothétique tradition française, marquée par le marxisme et mai 68, ne permet pas d'expliquer pourquoi, par exemple, Thomas Piketty ou Philippe Aghion ont défendu le programme de la candidate socialiste[2]. Philippe Aghion a 51 ans. Normalien, docteur en économie (Paris I et Harvard), il professe à Harvard depuis l'an 2000. Il fut notamment remarqué pour des travaux sur la croissance économique, novateurs, mais d'une orthodoxie si exemplaire qu'il devrait, dans l'imaginaire commun, inévitablement « être de droite ».

Thomas Piketty, lui aussi normalien, est âgé de 36 ans. Docteur de l'EHESS et de la London School of Economics, il enseigne un moment au Massachusetts Institute of Technology (MIT) avant de revenir en France s'investir notamment dans la création de l'École d'économie de Paris, qui regroupe désormais les chercheurs des laboratoires d'économie parisiens. S'il aborde fréquemment les

1. Voir cette étude de Lemmenicier, Marrot et Setbon, « L'originalité des économistes universitaires français », JEEH, hiver 1990.
2. Notamment dans ce qui a été nommé « appel des 27 économistes ».

thèmes de la fiscalité, de la redistribution et des inégalités dans ses travaux, sa méthodologie se révèle également tout à fait conforme à celle prônée par le courant dominant. Il est publié dans les plus prestigieuses revues internationales, dont le goût pour l'hétérodoxie n'est que très diffus. Aghion et Piketty en sont une excellente illustration : être économiste, orthodoxe de surcroît, ne prédestine pas à des sympathies pour la droite.

Deux exemples ne constituent certes pas une démonstration. En soi, leur ralliement à la candidate PS n'a qu'une valeur de contre-exemple[3] : des économistes français réputés tels que Bernard Salanié[4], Pierre-André Chiappori ou Olivier Blanchard (traditionnellement proche du PS !) ont accordé leur préférence à l'UMP, comme, dans la jeune génération, David Thesmar. Autrement dit : l'inclinaison politique des économistes n'a rien de systématique !

Les études sont formelles : l'économiste est au centre-gauche

Le constat ne semble guère différent en dehors de l'Hexagone. Dans une étude de 2006, Daniel Klein et Charlotta Stern ont ainsi étudié les vues politiques des membres de l'American Economic Association (AEA) qui regroupe des économistes essentiellement américains. Le sondage mesure l'adhésion des sondés aux « principes du libre marché » et à la pertinence de l'interventionnisme économique. À la première question – « Dans les dix dernières

3. Rappelons que Léon Walras, qui a donné son nom au « modèle walrasien », référence de l'économie néoclassique au 20e siècle, revendiquait des idées socialistes.
4. Qui publie, hélas par intermittence maintenant, un blog très vivant sur http://bsalanie.blogs.com.

années, quels sont les partis pour lesquels vous avez le plus souvent voté ? » –, 58 % des 264 économistes interrogés affirment avoir voté démocrate, 23 % républicain. Parmi les cinquante restants, deux ont répondu voter écologistes, sept pour les libertariens (courant de pensée « ultralibéral », peu présent en France) et dix-sept ont donné des réponses autres[5]. Les résultats sont clairs : les économistes ne semblent pas particulièrement à droite, ils pencheraient même plutôt vers le centre-gauche.

Hormis sur le libre-échange, qui fait presque l'unanimité, les économistes affichent d'ailleurs des avis partagés selon un clivage gauche-droite : la redistribution, la réglementation des armes à feu et le salaire minimum. Étonnamment, les économistes républicains sont, notamment sur la question de l'intervention publique en matière sociale (discrimination, drogues, etc.), plutôt plus centristes que les autres sympathisants républicains ! Au total, seuls 8 % des répondants peuvent être considérés comme fortement libéraux, et 3 % comme libéraux purs et durs. *In fine*, l'économiste américain moyen se révèle plutôt centriste, légèrement à gauche, ce qui ne doit pas être très loin de la position idéologique moyenne des personnes ayant leur niveau d'études et de rémunération.

Comment expliquer l'écart entre ce résultat et la perception des économistes dans le public ? Les auteurs exposent diverses hypothèses. L'une d'elles est que quelques sujets saillants ont pu donner cette image de l'économiste : ainsi, sur certains thèmes comme le libre-échange, la profession a un point de vue différent du reste de la population, ce qui suffit à classifier les économistes « à droite » de l'échiquier, quitte à négliger les nombreux domaines dans lesquels ils ont des idées peu éloignées.

5. Plusieurs choix, aucun ou quelques autres réponses encore.

Autre explication : s'il y a très peu d'économistes « ultra-libéraux », il n'y en a en revanche aucun chez les autres universitaires étudiés dans d'autres enquêtes (anthropologie, histoire, sciences politiques, sociologie). En d'autres termes, quoique minoritaires, *tous les universitaires ultra-libéraux sont des économistes*. Si l'on admet qu'un « ultra-libéral » est de droite, alors on peut supposer que cette particularité de l'économie est à l'origine d'une image générale de la profession.

L'ÉCONOMIE A-T-ELLE UNE IDÉOLOGIE ?

Un économiste sans idéologie, ça n'existe pas. L'économiste vient à sa discipline avec des préjugés qui déterminent en partie les thèmes de ses travaux. Est-ce déshonorant ?

Milton et les pauvres

Milton Friedman est un bon exemple de l'influence des préjugés sur les recherches. En France, l'homme est souvent assimilé à un libéralisme extrême, à la fois pour sa confiance affirmée dans l'économie de marché et pour ses travaux sur la monnaie (même si, en réalité, le cœur du raisonnement « monétariste » est peu marqué idéologiquement). Et pourtant, ce critique de l'intervention publique a lui-même proposé une solution pour assurer un revenu aux plus pauvres : l'impôt négatif. *Grosso modo*, l'idée est que l'État doit compléter les revenus des salariés les plus modestes par la fiscalité. Un travailleur pauvre ne paye pas d'impôt sur le revenu et, le cas échéant, reçoit un chèque du fisc (en France, la prime pour l'emploi relève de cette logique). Pour Friedman, il est ainsi possible de ne pas, ou peu, perturber le fonctionnement libre des marchés, tout en assurant une certaine justice sociale, une correction des inégalités initiales et une incitation à l'activité. De la même façon, Friedman milite pour l'intervention publique dans le financement de la scolarité des plus pauvres. Il propose d'accorder un chèque (*voucher*) aux familles, qui l'utiliseront dans l'école de leur choix.

D'où vient cette subite préoccupation pour les « perdants » du marché ? Les origines modestes de Friedman, né à Brooklyn en 1912 (décédé en 2006), dans une famille d'immigrants d'Europe de l'Est, n'y sont certainement pas étrangères. C'est grâce à une bourse que le jeune Milton a pu poursuivre de longues études.

L'économiste est un démocrate libéral

Si l'on devait décrire l'idéologie de la théorie économique actuelle, elle ne se révélerait pas très différente de celle de la société dans laquelle nous vivons. Comme la plupart des citoyens occidentaux, bien des économistes jugent que le marché est la forme d'organisation économique la plus efficace et ils en font leur objet d'étude principal. Souvent fascinés par l'énigme de la « main invisible » de Smith, ils ne s'accordent cependant pas sur le degré de perfection du marché. Et ne partagent donc pas tous la même vision de la place nécessaire de l'État. Bref, comme leurs concitoyens.

En matière politique, les économistes ne sont pas naïfs : ils l'ont souvent constaté, les déficits budgétaires sont d'autant plus élevés que la démocratie est solide… Cependant, même si certains conseillent des gouvernements dont les penchants démocratiques restent pour le moins hypothétiques, la plupart considèrent que la démocratie est le système politique qui s'impose comme cadre naturel de nos sociétés. Tout compte fait, peu d'économistes sont prêts à renoncer aux bienfaits de la démocratie pour quelques dixièmes de points de croissance en plus...

Ce système politique montre en outre de sérieuses qualités économiques. Si sérieuses que l'on s'interroge : la croissance est-elle favorisée par la démocratie ? Ou la démocratie est-elle une conséquence de la hausse du niveau de vie (la question est importante puisqu'elle peut justifier d'aider certains pays non démocratiques à se développer) ?

Les économistes ont donc un cadre idéologique de référence qui s'approche fortement de la « démocratie libérale », au sens du philosophe Francis Fukuyama.

De gauche à droite

Reste à expliquer pourquoi certains suivent certains candidats plutôt que d'autres. Comment, sur un même sujet, peut-on diverger quand on utilise les mêmes représentations, les mêmes modèles et qu'on est en accord sur l'essentiel ?

Un modèle économique est construit à partir d'hypothèses et de relations qui décrivent son fonctionnement[6]. Il en découle certains résultats. Au travers des deux thèmes débattus que sont l'imposition des revenus et le salaire minimum, on peut comprendre pourquoi un modèle économique n'est pas, par nature, de gauche ou de droite.

---

6. Deux grands types de relations sont employées : des relations de type comptable, toujours vraies, telles que revenu = consommation + épargne ; des relations d'équilibre, telles que offre = demande.

La courbe de Laffer n'est pas de droite

Imaginons le modèle suivant : on veut connaître l'effet des impôts sur l'offre de travail et, en conséquence, l'impact du niveau d'imposition sur les recettes fiscales effectivement perçues. Un travailleur choisit son effort au travail en fonction de ses préférences en matière de consommation et de loisir. Le travail est coûteux, la consommation agréable. Mais consommer plus, c'est travailler plus. Un arbitrage est à trouver entre les deux. Au niveau macroéconomique, plus les gens travaillent et plus ils paient d'impôts[7]. Toute la question est de savoir si lorsque le taux d'imposition augmente, ils réagissent en restant au lit plus longtemps le matin, parce que la baisse de leur revenu après impôts rend la grasse matinée plus profitable, ou si au contraire, puisqu'il faut bien continuer à payer les mensualités de la maison, de la berline allemande et de l'écran plasma, leur choix sera de se lever plus tôt pour travailler encore plus.

Dans le premier cas, on dit que l'« effet de substitution » l'emporte sur l'« effet de revenu ». On substitue du loisir à de la consommation. « Buller » à la maison devient moins coûteux en termes de perte de consommation (l'écran plasma devient bien trop cher en termes d'efforts et donc de loisirs perdus ; surtout pour ce qu'il y a à la télé...). Dans le second cas, l'effet de revenu l'emporte sur l'effet de substitution. Le loisir est devenu plus attractif, mais la perspective de rouler dans une voiture moins luxueuse pousse à faire une croix sur une partie de ses moments de détente.

---

7. Ils peuvent aussi déployer certains efforts coûteux pour éviter de payer une partie de leurs impôts. Légalement, en pratiquant l'évasion fiscale, en payant par exemple des fiscalistes, ou illégalement, en pratiquant la fraude fiscale.

Que se passe-t-il au niveau macroéconomique ? Dans le premier cas, en supposant que la majorité des individus réagissent de la même façon[8], la hausse du taux d'imposition réduit l'offre de travail et les revenus. Or, les recettes fiscales sont fondées sur les revenus. On peut alors avoir accru le taux d'imposition et obtenir moins de recettes fiscales. Dans le second cas, c'est l'inverse qui se produit. Un taux d'imposition plus élevé aboutit à plus de recettes fiscales.

Globalement, même si les individus ont des « consentements » à l'impôt différents, on observera d'abord des taux d'imposition où l'effet de revenu l'emporte. Puis, à partir d'un certain point (quand tout le monde a la grosse bagnole, la grosse maison, la grosse montre, etc.), l'effet de substitution prendra le dessus (si on a tout ça et plus une minute pour en profiter, à quoi bon ?).

Au total, représenter l'évolution des recettes fiscales selon le taux d'imposition donne une courbe en forme de cloche. Ce qui signifie qu'il est possible, pour deux taux d'imposition différents, d'obtenir des recettes fiscales identiques.

Mais dans un cas (le taux le plus élevé), c'est au prix d'un travail moins soutenu que dans le second cas (taux faible). Un gestionnaire des finances publiques doit préférer la seconde situation, car les budgets publics se portent aussi bien dans les deux cas, mais la production de richesses (voulue par les individus) est découragée dans le premier. Un gouvernement doit donc chercher à se situer à gauche du sommet de la courbe, sur sa partie croissante. Telle est la philosophie de la célèbre « courbe de Laffer » (voir Figure 23.1), du nom d'Arthur Laffer, économiste américain qui influença Ronald Reagan dans sa réforme fiscale.

---

8. Supposer qu'ils font tous pareil n'est pas nécessaire, il suffit de considérer que l'intensité de la somme des comportements va dans ce sens.

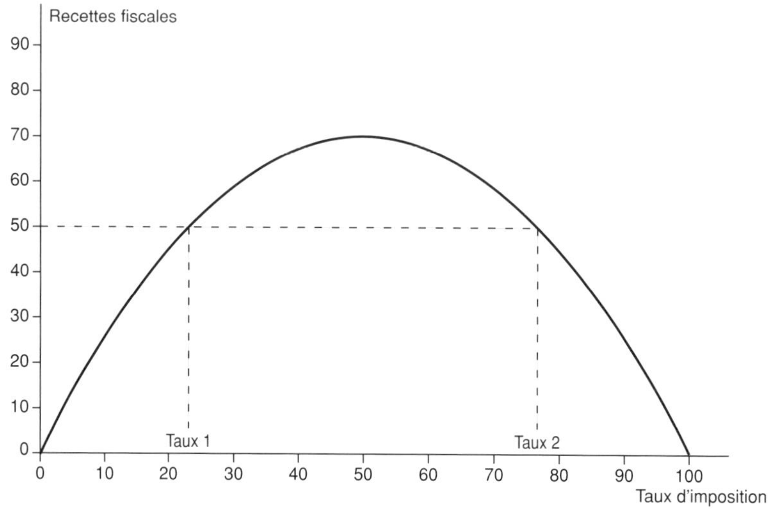

Figure 23.1 - Courbe de Laffer standard

Interprétation : pour le taux d'imposition 1, les recettes fiscales sont équivalentes à celles perçues pour un taux d'imposition 2, bien que celui-ci soit plus élevé.

La formule « Trop d'impôts tue l'impôt » en est devenue le résumé commun. Réduire les taux d'imposition pour accroître l'offre de travail suppose qu'on est sur la partie droite de la courbe. Refuser de le faire, c'est affirmer qu'on est encore à sa gauche.

Sur quoi se fonder pour retenir un choix ou l'autre ? Sur la forme supposée des préférences des agents économiques. Mais on ne les connaît pas franchement. Il est difficile de mesurer ces préférences, et en admettant que ce soit possible, on doit distinguer différentes catégories d'agents, qui ne réagissent pas de la même façon. À ce jour, les nombreuses études sur le sujet restent contradictoires. Elles laissent parfois apparaître un « effet Laffer », mais sans pour autant démontrer sa validité globale.

Pour Laffer, il ne fait aucun doute que les économies développées pratiquent des taux d'imposition trop élevés et que réduire la pression fiscale, notamment sur les plus hauts revenus, accroîtra les recettes fiscales en même temps que les individus seront moins taxés. C'est une politique qu'on qualifiera de droite. Pour ses opposants, le pic est loin d'être atteint, l'effet attendu d'une réduction des taux d'imposition sera avant tout une baisse des recettes fiscales. Ce qui, sans justifier pour autant une hausse des taux d'imposition, milite contre leur réduction et correspond plus à un discours dit « de gauche ».

Mais le modèle, pour sa part, reste d'une grande neutralité, tant qu'on ne lui a pas accolé d'hypothèses spécifiques.

Le Smic n'a pas d'odeur

Un autre thème qui cristallise l'opposition droite-gauche est le lien entre salaire minimum et chômage. Dans un monde parfait, un monde où tous les marchés (marché des biens et services, du travail, des capitaux) sont concurrentiels, le salaire minimum crée du chômage : il empêche l'ajustement du salaire au niveau d'équilibre entre offre et demande de travail. En revanche, si les marchés sont imparfaits, le salaire minimum peut être sans effet sur le chômage, voire le réduire. Il grignote les marges excessives des entreprises disposant d'un monopole, sans les inciter à réduire leurs effectifs, et stimule l'offre de travail des travailleurs. Ce phénomène a été observé par David Card et Alan Krueger dans les fast-foods du New Jersey dans les années 1990. Depuis, d'autres études ont montré que ce cas de figure pouvait se reproduire. Inutile cependant d'en tirer des conclusions universelles : de nombreuses recherches avancent, *a contrario*, que la hausse du salaire minimum accroît le chômage. De publications en publications, le débat se prolonge et la connaissance progresse.

Accusera-t-on un économiste d'être de droite ou de gauche parce qu'il défend les résultats de ses études ayant accrédité une thèse ou l'autre ? On pourra toujours invoquer qu'il a choisi des hypothèses sur l'offre et la demande de travail sujettes à discussion. Mais c'est le droit d'exister de l'économie qui est alors contesté. Et il se trouvera toujours un économiste pour contester les conclusions, ne serait-ce que parce que les résultats ne lui conviennent pas... idéologiquement !

Finalement, peu importe que les économistes soient idéologiquement orientés et qu'ils conduisent des recherches visant à démontrer la validité de leurs présupposés : tant que ces préjugés entrent en concurrence dans un cadre de réflexion suffisamment unifié, la compétition des idées produit des travaux de grande qualité.

24

Il faut indemniser les chauffeurs de taxi

« Les bonnes réformes économiques font sauter des verrous pour accroître le bien-être collectif, mais ces verrous protègent quelques privilégiés qui bloquent. Notre idée est simple : pourquoi ne pas les dédommager ? »

Jacques DELPLA et Charles WYPLOSZ

Comment convaincre votre voisin d'accepter que vous plantiez un cerisier à proximité du mur mitoyen, qui se trouve justement être le seul endroit bien exposé de votre jardin ? En vertu des règles d'urbanisme, il peut vous empêcher de planter l'arbre, ne serait-ce que parce qu'il n'a aucune envie de ramasser à l'automne les feuilles mortes. Mais si vous lui proposez de partager la récolte de cerises chaque année, il changera peut-être d'avis. Simple précepte de bon voisinage ? Sans le savoir, vous appliquerez un principe économique connu sous le nom de « critère de compensation de Hicks-Kaldor ». Selon cette règle, toute situation dans laquelle il est possible de créer des gains collectifs en indemnisant les perdants doit être réalisée. Au départ, vous êtes le gagnant, votre voisin le perdant. Mais sans son accord, pas de gain possible. En lui cédant une partie de la récolte, vous réalisez un gain tandis que, de son côté, il est indemnisé pour les désagréments subis.

L'économie abonde de dilemmes de ce type. Comme la mondialisation, ou la question des réformes économiques. Certains y gagnent, d'autres y perdent. Et sans redistribution des gains pour compenser les pertes, la délibération démocratique peut être compromise ou aboutir à des situations conflictuelles.

Indemniser les perdants de la mondialisation ?

Selon la théorie du commerce international, l'ouverture des frontières tend à rapprocher les prix des biens et des facteurs de production. Cela permet d'abaisser par exemple le prix de certains produits de grande consommation, mais concrètement, cela signifie aussi par exemple que des salariés non qualifiés des pays les plus riches verront leurs salaires baisser ou augmenter bien moins que ceux des salariés qualifiés. Voire se trouveront exposés à un risque de chômage accru. Peut-être même la mondialisation, en favorisant les délocalisations et les importations, contraindra-t-elle des secteurs entiers de l'économie à disparaître. Mais si certains y perdent, il reste globalement souhaitable d'ouvrir les frontières parce que l'ensemble de l'économie y a intérêt (voir le Chapitre 14). Appliquer le critère de compensation de Hicks-Kaldor consiste à transférer une partie des gains des gagnants vers les perdants. Comment ? Par la fiscalité et la dépense publique. L'impôt prélevé est reversé aux perdants, soit sous forme pécuniaire, soit en services financés par l'État. Un salarié non qualifié, subissant une baisse de son salaire ou de son pouvoir d'achat, se voit ainsi attribuer une subvention ; un secteur sinistré reçoit des aides destinées à effectuer les restructurations et reconversions nécessaires[1] ; des salariés se retrouvent encadrés dans un programme de requalification et de recherche d'emploi. Sur le principe, on peut facilement s'accorder sur cette façon de procéder. Elle n'est d'ailleurs pas étrangère à certaines pratiques existantes. La nouveauté, si nouveauté il y a, est que l'on cible les aides sur les perdants de la mondialisation. Au moins deux dispositifs explicites de ce genre existent dans les pays riches. Le premier est le programme *Trade Adjustment Assistance* créé en 1962 aux États-Unis. Il compense les pertes subies par les salariés du fait de l'ouverture croissante de l'économie américaine. Il a connu plusieurs évolutions, dont la dernière en date a conduit à un accroissement sensible du volume des compensations, suite à la création de l'Alena. En Europe, le *Fonds européen d'ajustement à la mondialisation* (FEM), créé en 2007, a également pour objectif de fournir « une aide individuelle unique et limitée dans le temps destinée à aider les travailleurs sévèrement et personnellement touchés par des licenciements liés à des ajustements commerciaux ». La philosophie de certaines réformes dans les pays scandinaves, la « *flexicurité* », relève également de cette logique du petit pays qui cherche à s'ouvrir davantage, tout en préservant sa cohésion sociale.

Le mécanisme est donc assez clair et consensuel. Pourtant, comme le déclarait Étienne Wasmer : « "Il est normal

1. Ces opérations peuvent être efficaces, comme le montrent certaines réorientations stratégiques d'entreprises de secteurs traditionnels. Voir les exemples, tels que la coutellerie ou le textile, décrits notamment par Olivier Bouba-Olga dans ses deux ouvrages, *Les nouvelles géographies du capitalisme*, Seuil, 2006, et *L'économie de l'entreprise*, Seuil, 2006.

de compenser les perdants de la mondialisation, mais il n'est pas toujours très facile de les identifier." Pour lui, il n'est pas du tout évident, par exemple, que les difficultés du secteur automobile français soient une conséquence de la mondialisation. Les normes environnementales, le prix de l'essence, jouent aussi leur rôle. »[2] Il en va de même lorsqu'un secteur est susceptible de subir simultanément un choc lié à l'ouverture et un choc technologique. À quoi doit alors ressembler la démarche de compensation ?

Il s'agit aussi de bien identifier les « gagnants ». Le gagnant est-il l'actionnaire d'une multinationale française ou l'ouvrier chinois dont l'entreprise fabrique les jouets, auparavant manufacturés en Europe ? La question peut paraître saugrenue, mais elle n'en est pas moins légitime : difficile de mettre en œuvre un mécanisme opérationnel d'indemnisation dans le second cas ! Enfin, que faire si les gagnants refusent d'indemniser les perdants ? Si leur mobilité leur permet d'éviter la redistribution ?

« Payer pour réformer »

Ce 6 février 2008, Alain Estival, président de la Fédération nationale des artisans taxis (FNAT), est visiblement satisfait. Devant les micros, il annonce que : « Le gouvernement ne reprendra pas les propositions Attali sur les taxis. » La commission, missionnée par Nicolas Sarkozy durant l'été 2007 et présidée par Jacques Attali, avait pour but d'émettre des propositions de réformes destinées à « libérer la croissance ». À peine l'une des premières fut-elle envisagée (accroître le nombre de taxis à Paris)

2. « Délocalisations, l'Europe défend son bilan », *Libération*, 29 janvier 2007.

que le gouvernement dut faire machine arrière pour répondre à la grogne des taxis, clientèle politique à ne pas malmener à quelques semaines des élections municipales. Jacques Delpla, économiste et membre de la commission, se lamenta alors du fait qu'un petit nombre d'individus puissent bloquer aussi facilement des réformes dont l'intérêt collectif est avéré.

Pourtant, il le savait fort bien, la méthode retenue par la commission n'était pas la bonne. Et pour cause. Avec Charles Wyplosz[3], il a proposé une bien autre approche du problème de la réforme : payer pour réformer la France. Taxis, retraités, fonctionnaires, commerçants, agriculteurs... sont tous, selon les termes de Delpla et Wyplosz, des « privilégiés ». La formule, qu'on peut trouver peu amène, traduit néanmoins une réalité : tous sont détenteurs d'une « rente », octroyée pour de bonnes ou mauvaises raisons dans le passé. De telles rentes – la plaque de taxi, délivrée au compte-gouttes, la sécurité de l'emploi, pour les fonctionnaires, etc. – peuvent au fil des ans devenir un frein au développement de l'activité économique. Supprimer ces rentes sans autre forme de procès n'est cependant pas forcément une bonne solution. C'est prendre le risque de troubles sociaux et, dans certains cas, infliger une perte injuste à ceux qui n'ont jamais fait qu'accéder à cette rente en toute légalité. La société serait la gagnante, ils seraient les perdants. Que faire alors ? Si les rentes en question méritent tant d'être supprimées, alors il faut indemniser les rentiers pour qu'ils y renoncent. Mais comment faire ? Les auteurs proposent quelques exemples.

Ainsi, les taxis. Le problème de base est qu'ils sont trop peu nombreux en France. Il en résulte une qualité de

3. J. Delpla et C. Wyplosz, *La fin des privilèges*, Telos Hachette Littératures, 2007.

service déplorable et un effet néfaste sur la circulation en centre-ville. Cette situation n'a rien d'étonnant : la profession est protégée par un numerus clausus qui favorise des prix élevés, une offre insuffisante, et l'absence de concurrence. Pour fluidifier le marché, il suffirait de racheter les plaques et de libéraliser le secteur. Le montant de l'indemnisation est simple à déterminer : le prix de marché de la plaque, avant l'annonce de la réforme[4].

Autre exemple : dans le commerce, les lois Royer, Raffarin et Galland sont à l'origine d'un déficit en concurrence qui ferait perdre un million d'emplois dans la distribution et maintient des prix élevés pour le consommateur, les grandes surfaces récupérant l'essentiel des gains de productivité de leurs fournisseurs. Conçues pour protéger les petits commerçants, ces lois peuvent être abrogées à condition d'indemniser ces derniers. Inutile en revanche de dédommager les grandes surfaces : politiquement, elles n'auraient pas un poids suffisant pour arrêter les réformes.

La politique agricole commune constitue un troisième cas de réforme envisageable. Elle coûte cher, aide mal les agriculteurs les plus modestes et a un impact négatif sur l'environnement. Les perdants d'une révision des aides seraient les agriculteurs. Il faudrait leur verser l'équivalent actualisé de dix ans de subventions[5]. Cette indemnisation serait plafonnée, et devrait être conçue pour favoriser les agriculteurs modestes, les aider à solidifier leur exploitation ou les aider à se reconvertir. Idem pour la fonction

4. On notera que la réforme est applicable à d'autres professions libérales, tels les notaires, pharmaciens et autres professions juridiques.

5. Horizon calculé sur la base de la disparition probable de la PAC, compte tenu des tensions européennes sur le sujet. Pour une exploitation qui reçoit 10 000 € de subventions annuelles, le capital perçu serait de 250 000 €.

publique : l'emploi à vie est un carcan qui empêche les restructurations profitables. Les perdants de son abolition seraient les fonctionnaires. Ils verraient leur statut mué en CDI. Le risque de chômage s'accroîtrait donc. L'indemnisation se calculerait alors sur la base du risque de chômage généralement constaté pour les salariés en CDI. L'indemnisation porterait sur l'écart entre les allocations chômage et le traitement d'un fonctionnaire. De ce point de vue, la somme est dérisoire : 180 € par an. S'y ajouteraient les éléments liés au licenciement des fonctionnaires surnuméraires et une indemnisation du risque. Au total, un fonctionnaire de 30 ans rémunéré 2 000 € par mois se verrait proposer 12 100 €.

Le coût d'un tel programme serait énorme (voir le Tableau 24.1), entraînant une explosion des déficits publics. Mais le jeu en vaut la chandelle. Chaque mesure est porteuse de croissance et d'emplois à terme, la dette publique baisserait. Mais il faut passer par un déficit immédiat et colossal. Car pour les auteurs, la compensation doit être immédiate et généralisée. Immédiate pour

Tableau 24.1 - Coût des mesures préconisées par Delpla et Wyplosz

Secteur	Coût total (milliards d'euros)	% du PIB
Taxis	4,5	0,2
Commerce et distribution	16,0	0,9
Marché du travail	70,0	3,8
Retraites, régime général	110,0	5,9
Retraites, régimes spéciaux	29,0	1,6
Fonction publique	75,0	4,1
Université et recherche	27,6	1,5
Politique agricole commune	46,0	2,6
Total	**380,0**	**20,9**

Source : J. Delpla et C. Wyplosz, *La Fin des privilèges*, Hachette Littératures, 2007.

que les perdants des réformes prennent les mesures au sérieux. Généralisée parce que les réformes ne peuvent être efficaces que si elles arrivent ensemble. Politiquement, on ne peut pas non plus laisser le temps aux intérêts menacés de s'organiser. Ces intérêts sont les lobbies qui vivent des rentes sans être impliqués dans la compensation, au premier rang desquels on trouve les syndicats. D'où l'importance de conclure un contrat avec l'État où chacun verrait son intérêt bien compris. Reste à déterminer qui financera ? Les marchés, en absorbant une dette dont il faudra leur montrer qu'elle conduira à une plus grande prospérité. Il faudrait alors négocier le pacte de stabilité avec les partenaires européens, comme avec les marchés.

L'idée de ces auteurs est très intéressante. Apparemment cynique, elle offre un choix aux perdants potentiels, d'autant que Delpla et Wyplosz leur laissent la possibilité de refuser le contrat et de conserver leur rente. Elle n'est pas exempte de tout reproche quant à sa mise en œuvre, et les auteurs eux-mêmes en sont conscients. Mais elle a l'immense mérite d'être claire et de générer potentiellement une délibération démocratique réelle.

Conclusion

Si, par hasard, il vous reste encore quelques amis…

Arrivé au terme de ce livre, il faut se rendre à une cruelle évidence : si vous l'avez aimé, vous ne devez surtout pas en parler. Certes, ce serait pour nous une formidable promotion. Mais, soucieux du bien-être du lecteur, nous vous le déconseillons fortement. Vous y perdriez une bonne part de votre capital sympathie auprès de nombreuses personnes. Il y a dans les chapitres qui précèdent de quoi vous brouiller avec beaucoup de monde.

Blague à part, ce que les économistes montrent par leur travail quotidien n'est pas forcément en phase avec bon nombre d'idées courantes sur les sujets les plus divers. Assurer que la dette publique ne constitue pas un problème sera la source d'un grand scepticisme pour la plupart de vos interlocuteurs. Certains vous soupçonneront même de vouloir déposséder leur descendance de tout patrimoine, surtout si vous-même n'avez pas d'enfant. Militer pour la démocratisation scolaire pourrait vous faire passer pour un doux rêveur, peut-être même, ultime injure, pour un soixante-huitard attardé. Affirmer que la légalisation de l'avortement, indépendamment de toute considération morale ou politique, a pu réduire le crime vous attirera les foudres aussi bien de ses partisans que de ses opposants. Nous pourrions revenir longuement sur les thèmes parcourus dans cet ouvrage, le constat resterait identique : l'économie est une discipline qui contraint à regarder le monde sous un angle particulier, parfois froid. Et comme cette perspective débouche sur des conclusions souvent inattendues, vous trouverez presque toujours une personne que ce regard décalé contrariera.

Mais nous espérons avoir au moins démontré une chose : celle que l'on appelle « science lugubre » ne l'est pas tant que cela. L'économie ne se limite pas à étudier des sujets éloignés des préoccupations quotidiennes. Et si on la dénigre parfois pour son incapacité à prédire l'avenir, elle a le mérite de donner des clés de compréhension du monde qui nous entoure. Elle n'est pas la seule, évidemment. Néanmoins, le traitement qu'on lui réserve parfois, de notre point de vue, est injuste. Parmi les sciences sociales, l'économie est probablement la plus aboutie. Elle dispose de la méthode de travail la plus unifiée. Ce n'est pas faire insulte aux autres sciences sociales que de l'affirmer. Ce n'est pas nier leur intérêt profond ou les mettre au second plan, bien au contraire. Les économistes ont simplement la chance d'avoir un sujet qui se prête à l'utilisation d'outils formalisés, quand les autres sciences sociales se penchent sur des « objets » beaucoup plus compliqués. Du coup, elle peut s'aventurer sur des terrains peu attendus du public (comme la rationalité des terroristes) et apporter de nouveaux éléments de décryptage. Et tant pis si d'aucuns s'indignent que l'économie ramène toute vie humaine à des calculs rationnels : au milieu d'autres grilles d'analyse, elle vient enrichir notre connaissance.

Qu'importe également si les prévisions économiques se montrent souvent calamiteuses, comme le chapitre consacré à cette question le démontre. La science économique n'a pas l'exactitude de la physique et des sciences dites « exactes ». Savoir si l'économie constitue ou non une « vraie » science dépasse d'ailleurs largement l'objet de notre ouvrage. Mais quelle importance ? Comme la philosophie, l'histoire, ou encore la sociologie, ces autres sciences « molles », l'économie aide à mieux comprendre le monde, à mieux s'y situer, à dialoguer avec les autres... ou simplement à passer du temps installé dans un fauteuil et se sentir moins idiot quand on a terminé. Ce qui est déjà énorme.

Si vous avez lu ce livre, c'est que vous le pressentiez. L'économie n'est ni une science lugubre ni une idéologie aux ordres de la politique, mais un domaine intellectuellement stimulant, enrichissant, utile et souvent original. Nous espérons que cet ouvrage vous en aura convaincu ou vous aura conforté dans cette idée. John Maynard Keynes écrivait que l'économie est une discipline complexe, mais que peu de gens le savent. Il avait raison. Ce que nous souhaitons, c'est que beaucoup de gens puissent le savoir, mais ne renoncent pas à la comprendre.

Remerciements

> « *Quand on est parti de zéro pour n'arriver à rien, on n'a de merci à dire à personne.* »
>
> Pierre Dac

Comme tous les livres, celui-ci n'aurait pas vu le jour sans la contribution, volontaire ou non, de nombreuses personnes. Les premiers sont tous ces économistes qui, vivants ou morts, nous ont nourris de leurs idées : nous ne serions rien sans leur travail. Merci à tous ceux qui constituent la blogosphère économique francophone, en particulier l'équipe d'Optimum, Olivier Bouba-Olga, Gizmo, Bernard Salanié, ceux d'Ecopublix, Mathieu Perona, Etienne Wasmer, les auteurs de *Ma femme est une économiste*, et tous les autres ; à Jean-Claude Kommer, l'un de nos plus anciens lecteurs, aujourd'hui rédacteur de l'un des meilleurs blogs consacrés à l'actualité financière ; à tous les lecteurs de notre blog, qui depuis près de dix ans nous commentent, nous encouragent, nous sermonnent parfois : sans eux, nous n'en serions pas là.

Merci à nos camarades blogueurs influents de « Lieu Commun » ; à Florent Latrive et Richard Poirot, de *Libération* ; mais aussi Emmanuel Levy, Guillaume Duval,

Boris Cassel, Vincent Fertey, David Abiker et quelques autres qui ont jugé bon de mettre en valeur notre travail.

Nous remercions aussi ces enseignants qui nous ont donné l'envie de nous plonger certains samedis soirs dans un bouquin d'économie plutôt que dans une bouteille, même s'il s'agit là d'une terrible altération de nos préférences (s'ils avaient pu faire quelque chose pour le tabac...) et même si ça n'est finalement pas arrivé très souvent.

Stéphane remercie Romy et Marie d'avoir supporté un papa et un compagnon un peu moins disponible et pas toujours de bonne humeur pendant la rédaction de cet ouvrage. Je me rattraperai, c'est promis. Il tient à remercier ses parents et sa sœur Cyrielle pour la confiance qu'ils lui témoignent inlassablement. Merci aussi à mamie-grand, papi Christian et mamie Maggy de s'être occupés de Romy quand son papa jouait à... « finir un chapitre ».

Alexandre remercie ses parents, sa famille, ses collègues, pour leur soutien, et ces conversations du midi qui aiguisent l'esprit et la réflexion ; et ses élèves, qui ont parfois dû attendre leurs copies un peu trop longtemps, pour cause d'écriture en cours.

Merci à tous nos proches ou amis qui nous ont dit qu'ils achèteraient le livre alors même qu'il n'était pas commencé. Enfin, nous remercions René Gargani, Pierre-Emmanuel Couralet, Bruno Judde de Larivière, Renaud Bellais, Martin Motte, pour leur lecture avisée de certains chapitres de cet ouvrage. Merci à Marie d'avoir servi de cobaye sur quelques-uns des chapitres. Un grand merci à Cathel Ollivier pour avoir corrigé nos brouillons et les avoir rendus lisibles par le plus grand nombre. Merci à notre éditrice, Gaëlle Picard, et à tous ceux qui, chez Pearson Education France, ont fait que vous lisez ces lignes en ce moment. Les erreurs et autres insuffisances restent évidemment de notre responsabilité.

Index